中国学校教育探索丛书
甬派教育管理名家系列

U0574036

教育，为成长提供支持

郭昶 著

北京师范大学出版集团
BEIJING NORMAL UNIVERSITY PUBLISHING GROUP
北京师范大学出版社

图书在版编目（CIP）数据

教育，为成长提供支持 / 郭昶著 . — 北京 ：北京师范大
学出版社，2024. — ISBN 978-7-303-30109-6

Ⅰ. G4

中国国家版本馆 CIP 数据核字第 20246UR313 号

图书意见反馈　　gaozhifk@bnupg.com　　010-58805079
北京师范大学出版社教师教育分社微信公众号　京师教师教育

JIAOYU WEI CHENGZHANG TIGONG ZHICHI

出版发行：北京师范大学出版社　www.bnupg.com
　　　　　北京市西城区新街口外大街 12-3 号
　　　　　邮政编码：100088
印　　刷：天津旭非印刷有限公司
经　　销：全国新华书店
开　　本：710 mm×1000 mm　1/16
印　　张：13
字　　数：205 千字
版　　次：2024 年 8 月第 1 版
印　　次：2024 年 8 月第 1 次印刷
定　　价：52.00 元

策划编辑：冯谦益　　　　　责任编辑：王贺萌
美术编辑：焦　丽　李向昕　装帧设计：焦　丽　李向昕
责任校对：陈　荟　　　　　责任印制：马　洁

版权所有　侵权必究

反盗版、侵权举报电话：010-58800697
北京读者服务部电话：010-58808104
外埠邮购电话：010-58808083
本书如有印装质量问题，请与印制管理部联系调换。
印制管理部电话：010-58806364

丛书编委会

主　任：苏泽庭

副主任：徐文姬　陈如平　柳国梁

委　员：（按姓氏笔画排名）

马　兰　王晶晶　石伟平　朱永祥

刘占兰　李　丽　沙培宁　张新平

林小云　赵建华　袁玲俊　耿　申

戚业国　彭　钢　蓝　维

序　一

　　"教育兴则国兴，教育强则国强。"实现中华民族伟大复兴的中国梦，归根到底是靠人才、靠教育，必须把教育事业放在优先位置。党的十九大报告提出的"建设教育强国"，主要方向是走中国特色社会主义教育发展道路。习近平总书记在 2018 年全国教育大会上明确提出"坚持扎根中国大地办教育"。中国的教育应根植于中华文明，守住中华优秀传统文化的根与魂，讲好中国教育故事，创生中国特色理论，为人类贡献中国智慧和中国方案。

　　宁波简称"甬"，位于长江三角洲南翼，是我国东南沿海重要港口城市和历史文化名城。宁波教育源远流长，长盛不衰。唐建州学，宋设县学，人文荟萃，贤才辈出。在河姆渡文化的孕育下，宁波先后出现了一批又一批有影响力的教育思想家，如宋元时期的高闶、王应麟等，明清时期的王阳明、钱德洪、徐爱、方孝孺、朱之瑜、黄宗羲等，民国时期的陈训正、张雪门、杨贤江等。这些先贤都为宁波的教育做出了不朽贡献，在中国的教育发展史上发挥了重要作用，是甬派教育家的典型代表。

　　改革开放以来，宁波市的基础教育实现了跨越式发展。宁波教育本着"以人民为中心"的宗旨，全力"办人民满意的教育"。人民满意的教育是优质公平的教育，是"办好每一所学校""教好每一个孩子"的教育。谁来办好每一所学校呢？除了政府提供必要的条件外，"教师是立教之本、兴教之源"。那么，靠谁把广大教师组织起来呢？靠校长。有一位好校长，才有一所好学校。宁波基础教育高水平优质发展的伟大实践，亟须一批"教育家型"的优秀校长。正是基于这种思路，从 2009 年开始，宁波市就启动了"甬派教育管理名家培养工程"，2017 年 3 月启动了第二期工程。

　　一项人才培养工程能够持续开展十余年，并持续发挥重要作用，这本身就值得研究。长期以来，宁波市一直重视中小学校长和幼儿园园长队伍的建设，注重校（园）长成长规律和培训规律的研究，凭借宁波人"敢为人先"的创新精神，开创性地提出了教育干部培训的宁波模式和宁波经验，形成了"新任校长—合格校长—骨干校长—名校长—教育管理名家"的"五段三分双导"校长培养的完整体系。"甬派教育管理名家培养工程"位于宁波市教育干部培训"金字塔型"培养体系的塔尖，代表了宁波市教育干部培训工作的新高度，已经成为宁波市教育干部培训的新品牌。第二期"甬派教育管理名家培养工程"采用"双导师制"，聘请国内著名教育专家为理论导师，聘请全国有影响力的著名校长为实践导师，采用课题研究与经验提炼相结合的方式，来进行三年学习、两年展示的为期五年的培训，进而培养出教育管理的领军人物。这次出版的"甬派教育管理名家系列"丛书就是第二期培养对象经过三年学习，在名家的指导下，对自我教育实践进行提炼和提升的成果。

丛书的出版，虽然有种"立此存照"的意思，但更重要的是为了提供一种"本土经验""本土智慧"和"本土创造"。本系列丛书，有的是对办学实践的经验反思，有的是对办学主张的提炼梳理，有的是对办学理想的叙说表达……这些教育经验、教育主张、教育信念和教育理论，共同组成了新时代"甬派教育管理名家"的教育思想。细细品味丛书，我们可以清晰地感受到这批"甬派教育管理名家"办学思想背后的文化底蕴。

"知行合一，就是要行必务实。"本系列丛书的每一位作者都是宁波校长队伍中的优秀代表，他们的成长都建立在成功办学的基础上。每一本专著背后，都有一所或几所优质学校做后盾。从每一位校长的成长历程中，我们可以清晰地看到，"知行合一"已经成为他们共同遵循的基本观念。他们强调做实事、务实功、求实效，确保定下的每一件事能做到、能做好。他们强调"经世致用"学风，"务当务之务"，勇于任事，致力创新。本系列丛书记录了他们从理论到实践的行进方式，促进了宁波教育的率先发展，体现了"实践、认识、再实践、再认识"的实践论观点。

"知难而进，就是要行不懈怠。"本系列丛书在编写和出版过程中遇到的困难是显而易见的。从出版的数量上看，一项工程要出版 20 本专著，这在宁波市教育干部培训历史上是前所未有的。本系列丛书出版的组织者——宁波教育学院，坚持志不求易、事不避难，这种担当精神令人敬佩。从出版的质量上看，作为专著的作者，各位校长要从忙碌的日常管理工作中抽出时间是一件十分不易的事，而且在写作过程中还会遇到各种问题，这些对他们来说都是很大的挑战。但是，他们敢于直面挑战，勇于解决问题，把不可能变成了可能。因此，本系列丛书的成功出版，是各方知难而进、共同奋斗的结果。

"知书达理，就是要行而优雅。"有着 400 多年历史的天一阁，是中国现存较早的私家藏书楼，也是亚洲现有较为古老的图书馆和世界最早的三大家庭图书馆之一。它使人们真切地感受到了书香宁波的特有气质。本系列丛书的出版既是对这种城市魅力的共建，又是对流淌在宁波教育人身上"书卷气"的共识。从工程一期的《我的教育思想》到这次二期的系列丛书的出版，反映了宁波教育人注重内涵发展、崇尚理性思想、爱好著书立说的优雅旨趣。翻开丛书，我们从字里行间都能感受到各位校长在办学过程中体现出来的崇文重教、崇德向善的教育思想和知书达理、彬彬有礼的人格魅力。

"知恩图报，就是要行路思源。"宁波人懂感恩、会感恩，本系列丛书的出版也是一种感恩回报。在工程的实施过程中，他们有幸得到了全国著名教育专家的指导；他们感恩各位导师的辛勤付出，珍惜与导师的深厚情谊。本系列丛书的出版是他们对导师最好的回报。他们有幸遇到了北京师范大学出版社，敬业勤勉的编辑老师的专业指导助推了丛书的顺利出版。他们感恩党和政府，正是在党的正确领导下，才实现了他们的个人价值。他们感恩我国的教育事业，蓬勃发展的教育事业为他们提供了研究教育、施展才华和专业成长的沃土。本系列丛书的出版，必将对宁波教育的发展发挥重要作用。他们感恩所有关心、支持和帮助过他们的人，本系列丛书正是他们抒发这种感恩之情的载体。书中提到的每件事、每个人，每个故事背后都蕴含着浓浓的感恩之情。

总之，"甬派教育管理名家系列"丛书的出版是宁波教育史上的一件大事，是宁波教育向中国共产党成立 100 周年的献礼之作，必将对宁波教育努力率先高水平实现教育现代化的新时代总目标发挥重要作用。

苏泽庭
2020 年 8 月

序　二

　　2017 年 3 月，宁波市第二批"甬派教育管理名家培养工程"启动，29位宁波市知名校长入围受训。此工程是宁波市加强校长队伍建设的创新之举，也是宁波市校长培训工作的顶端品牌，旨在落实"教育家办学"理念，通过培养一批"更加专业""更加卓越"的"本土教育家"校长，来领导宁波教育的创新发展。我受宁波市教育局、宁波教育学院、宁波市教育行政干部培训中心的委托，全权代邀 10 位国内著名的专家学者组成了一个专业的导师组，又因是宁波人的关系，被任命为组长。三年多来，经过面试面授、外出游学、著书立说、登台报告等环环相扣的程序，"甬派教育管理名家培养工程"已完成大部分的目标和任务，进入了最后的收官阶段。

　　回首当初，宁波市教育局、宁波教育学院、宁波市教育行政干部培训中心和导师组曾就此工程提出了"五个一"的目标，即申报立项一个课题，核心期刊上发表一篇学术论文，每年外出短期游学拜师一次，撰写一部教育管理专著，举办一次办学思想研讨会。其中，最为重头也是最硬气的，就是要求第二批教育管理名家培养对象人人完成一部专著，即基于办学实际和对教育内涵、教育教学管理具体工作、办学育人规律的认识，对教育问题进行思考并总结行之有效的经验做法，通过思考、梳理、总结、提炼，结集成册，最后形成一本专著。令人欣慰的是，在宁波市教育局、宁波教育学院、宁波市教育行政干部培训中心的领导下，在导师组的精心指导下，29 位培养对象中，除却 3 人因工作调动不再担任校长外，有多位校长最终提交了书稿，编写成"甬派教育管理名家系列"丛书，由北京师范大学出版社正式出版，成为"甬派教育管理名家培养工程"的标志性成果。

　　30 多年来，我始终关注学校的发展问题，特别是"校长"这个学校发展的关键性和决定性因素。俗话说得好，"火车跑得快，全凭车头带"。从某种意义上说，校长的素质决定学校的发展，没有高素质的校长，就不可能有学校的可持续发展。近年来，大量的学校实践案例和校长实践经验，让我对"一位好校长就是一所好学校"这一信条深信不疑。这一点已在第二批"甬派教育管理名家培养工程"的培养对象办学以及他们各自的专著中体现出来。2020 年 9 月 15 日，《教育部等八部门关于进一步激发中小学办学活力的若干意见》（以下简称《意见》）发布，明确提出注重选优配强校长，努力造就一支政治过硬、品德高尚、业务精湛、治校有方的高素质专业化校长队伍。这是激发办学活力的关键性因素。《意见》不仅增强了实施"甬派教育管理名家培养工程"的信心和决心，也给未来中小学校长的选拔、培养与使用提出了新的目标和要求。

关于校长的素质特征、能力表现等，我结合近年来自己的研究，认为现在衡量和评判校长水平高低的重要标准或指标有了变化，除了显性的办学成就和管理水平外，还要看他教育思想的整体性、系统性和集成性，看他办学思路的完整性、清晰性和流畅性，看他育人成果的全面性、发展性和创新性。这些标准或指标，以往可以体现在学校章程、发展规划、年终总结或述职报告等载体中，如今必须通过系统思考、全面梳理和总结提炼，形成办学育人的规律性认识以及体系化建构，最终集合成综合性论文或学术专著来展示。这也是我们在第二批"甬派教育管理名家培养工程"中如此重视和强调著书立说的原因。

鼓励和引领校长去著书立说，在实际操作时容易走向功利化境地，对此社会上和教育界内出现了不少反对的声音。尽管我也特别反对教育中各种功利化的做法，如校长为出书而出书，但我还是会建议校长随时对自己的办学思路、行为及其结果进行思考、总结、梳理和提炼。这既是校长的基本功和校长专业发展的必修课，也是加强校长队伍建设的重要任务。那么，如何做好这一项工作？在此，我用教育管理名家的"名"字做些发挥，谈谈自己的三点体会，同时也表明我对"甬派教育管理名家培养工程"的认识、态度和立场。

第一，要弄清楚因何而"名"。所谓"名"，是指知名、著名。校长有名，实指校长声望高、有影响力。在现实中，名校长包括两层含义：一是名校的校长；二是知名或著名的校长。二者往往又是可以转化的。校长先担任名校的校长，再在办学上有所动作和贡献，使自己成为知名或著名的校长；也可以是知名或著名的校长执掌一所学校，把学校办成名校，使自己成为名校的校长。学术界给出了很多关于名校长的定义和主要特征，但从总体上看不外乎三个方面：一是办学成功，二是思想定型，三是影响力大。"甬派教育管理名家培养工程"的培养对象都或多或少地具备这三个方面的特征。

我一直认为，名校长是一个发展性的概念。任何事物的发展都是由量变到质变的过程。一位校长的成功与成名也是一个积累和发展的过程，不可能一夜成名。任何一位名校长，都是其办学思想和办学业绩得到广泛认可后才逐渐成名的。教育行政部门对名校长的认定只是一种形式。从根本上讲，名校长不是自封的，也不是任命的，而是社会公认的。名校长在被教育行政部门认定之前就已经在教育界和社会上具有一定的名望。名校长的"名"应是一种社会影响和社会认可。引导和鼓励校长成为名校长，可以使校长有更高的追求和境界，从而把学校办得更好。

第二，名校长要擅长"明"。一位优秀的校长必须有独具特色的教育思想并身体力行。苏霍姆林斯基根据自己多年从事校长工作的实践经验，提出领导学校，首先是教育思想的领导，其次才是行政上的领导。这是一个十分重要的观点，也是校长管理学校的客观规律。教育家是实践家，衡量教育家的首要标准就是他们在教育实践工作中的成绩：或育才有方，或治校有方、成绩突出。名校长都是成功的校长，是治校有方、办学成绩突出的校长，理应被称为教育家。教育家要有自己的办学思想，甚至有的教育家还创立了新的教育理论。他们都必须亲身从事教育实践，把办学思想和新的教育理论用于教育实践并且取得显著的成效，否则就不能被称为教育家。这是所有想成为名家的校长们必须懂得的道理。

"明"就是要明理。明理是读书人要达到一种通达慧明、明晓事理的境界。名校长要明以下三方面的理。一是教育之理，说的是教育的本质特征。《说文解字》对"教育"之理讲解得非常精辟："教，上所施下所效也""育，养子使作善也"。这两句话表明育人是教育的本质。二是办学之理。办学是有规律可循的。办学规律及其衍生出来的运行体系、体制和机制等，都是办学之理。三是育人之理。弄清楚"培养什么人"的问题，这是教育的首要问题，同时还要弄清楚"怎样培养人""为谁培养人"等问题。这三个问题构成育人的有机整体，不可分割，只有如此才能培育和造就全面发展的人。名校长还要善于捕捉代表时代发展和前进方向的新思想、新观念，善于用批判的眼光、理性的思维去分析教育的问题，对自我教育行为进行反思，不断深化对教育的规律性认识。

第三，名校长要善于"鸣"。鸣，就是发出声音。意思就是，名校长要善于表达，善于发表自己的意见和主张，引导舆论，营造氛围。"千线万线，只有一个针眼穿。"千线万线指的是各种各样的政策、理论、理念和方法；这个针眼是指学校实践，任何政策、理论、理念和方法都要通过学校实践来落地实现。当下，名校长必须把以下问题的落实和解决作为己任，下足功夫，写好文章。一是全面贯彻党的教育方针，建立健全立德树人教育机制，大力发展素质教育，着力培养学生的社会责任感、创新精神和实践能力。二是深化教育教学改革，不断推进课程改革，优化教学方式，探索因材施教的路径、机制和策略，创建适合学生发展的教育体系。三是注重理论与实践的结合。校长要用科学的理论指导教育教学实践，要通过实践总结创造出新的科学理论，从而再用新的理论去指导新的实践，提高办学育人水平；同时，还要结合时代和教育的发展，不断融入新的元素，寻找新的增长点，实现发展目标。四是善于传播先进的教育思想理念，既能用自己先进的教育思想和教育价值去影响教师和改造教师，促进教师教育观念和教学行为自觉地转变，又能科学引导家长和社会树立正确的教育观、育人观，努力营造良好的教育生态环境。

陈如平

2020 年 9 月

探索教育的温度与力量

教育具有很强的传承性，每个个体从家庭、学校、社会等不同路径接受的原生教育，会深刻影响到自身对教育的理解。因此，许多教育工作者时常被传统的教育模式所束缚，忽视了教育的真正意义与目的。然而，郭昶校长的《教育，为成长提供支持》一书，更关注教育的本质与意义，让我们重新认识了教育的温度与力量。

教育是什么？从本书选题开始，这个问题一直是郭昶校长最想表达与分享的重点。在众多中外教育家"教育即生活""教育即生长""教育即解放""教育即经验的改造"等对教育本质高度概括的论断启发下，"教育即支持"的理念在郭校长的思考中逐渐清晰起来。但想要系统地表述对教育本质的理论思考的初心一度使书稿的撰写工作停滞下来。事隔三年，当我欣喜地收到此书稿时，看到他在用另一种方式呈现对教育的深刻理解与绚烂的实践。

在本书中，郭校长分享了他十四年小学教育管理实践的探索与见解。在他看来，教育不应是单调的灌输和填充，不是强势的说教与指令，而是为生命成长提供必要的支持，为学生的探索与发现之旅提供充分的滋养和帮助。他在清晰地阐明自身对教育的理解之后，从学校文化、教育资源、课程建设、教师培养等方面进行实践总结，将一切能够支持学生成长的教育管理策略进行梳理，汇编成本书。深耕一线的教育者、教育管理者都清楚，学生成长的高度是检测教育成效的量表。因此，书中也不乏有关学生成长的案例，彰显了教育的温度与力量。

教育如何为学生的成长提供支持呢？开篇，本书以"教育源于生活"为引，将我们带入了一个充满生活气息的教育场景。他倡导教育源于生活，回归生活，让学生在真实的生活场景中发现问题，解决问题。这与当下新课程改革提倡的在真实的情境中综合运用知识解决问题的理念相契合。他鼓励学生挖掘身边的学习资源，从生活中探索知识，发展能力，让学习发生于生活中的每时每刻，而非仅仅是书本上的文字。陶行知先生的生活教育理论在这里得到诠释，从生动的案例中，我们可以想象到学生在生活的点滴中汲取知识的甘泉，体验成长的喜悦。这样的教育方式，不仅让学生的学习变得更加有趣，更让他们学以致用、学用贯通，让他们在生活实践中成长。

一所学校的课程设置要注重多样化和个性化。每个学生都是独一无二的个体，拥有不同的兴趣、特长和需求。郭校长深刻认识到课程是学校提供给学生的主要支持力量，是促进学生学习、成长与发展的独特手段。从单一课程到课程群，或是课程体系，都是为了给所有学生提供发展的支持与保障。基于这样的思考，他携团队开设海语校本课程、教育戏剧课程、"宁波走书"课程、草木染课程等，拓宽学生们的学习内容和路径，让他们在探索中学习，在实践中成长。他根据不同学校的特质，挖掘在地资源，指导教师因地制宜地开设多种校本课程，以满足学生的个性化需求，为他们的成长提供最适切的支持。

郭校长是一位学术型校长，作为语文特级教师，他致力于探索"链接·支援式"教学。他曾在书稿撰写过程中，向我讲述他的教学案例，努力表达"教育即支持"这一理念。在本书中，他用"教学贵在支持"这一章节，呈现他教育教学理念的一致性。他在课堂上为学生搭建学习的脚手架、提供链接，为他们的学习提供有力支持。去年，他的实践成果《链接·支援：小学支架式自主习作的二十年实践》喜获国家级教学成果奖二等奖，这也是对他教学理念与教学方式的最大认可。可见，"支持"理念已经沉淀在他的教育教学实践中。学生的成长需要"支持"，教师的成长也需要"支持"。因此，他鼓励教师参与教学沙龙、明星微讲堂等校本化教育实践进行自我提升和成长。这些举措不仅提升了教师的教育水平和创新能力，更为学生的成长提供了坚实的保障。

为此书写序时，适逢郭校长创立凤鸣未来学校一周年。他虽然调任新学校，但"教育，为成长提供支持"的理念，仍在这所以"未来"命名的学校中被不断践行。他认为，未来教育主张为人的发展提供帮助，它不仅着眼于学生的今天，更要为其一生的发展和选择提供支持。他以"悦成长·鸣未来"为办学理念，倡导"悦教育"，构建以激发潜能促进自主发展的教育样态。通过教育的改善，帮助学生获得多方面的成功，激发其形成自我学习、自我教育的内部学习动力机制，成为学习和生活的成功者，从而为其成为社会的成功者做好必备品格与关键能力的准备。在他的办学实践中，"为成长提供支持"的教育理念已经从外部资源进阶到了内在潜力的激发。相信他能继续探索教育的温度与力量，以"未来教育"，创教育未来。

蓝维

2024 年 6 月 27 日

（首都师范大学政法学院教授、甬派教育管理名家培养工程导师）

目　录
CONTENTS

第一章
教育源于生活

　　教育需要远见。回望教育的起源，教育与生活密切相关。教育是人类社会生活需要的产物，人类最初的教育就是融入社会生活与社会生产当中的。作为精神活动的教育，不能离开生活而存在。作为有独特价值属性的人，我们在生命中充分地自由思考，充满对美好生活的向往，试图超越和摆脱生活中停滞不前的状态，走向更趋完善的自由、自觉的生存生活境界，进而实现自己。因此，我们要在生活中寻找教育的元素。

　　展望未来的教育，至少要做到三方面工作：一是对"尚未生成的可能性的疆域"的遐想和设计；二是对"现有的造物的自在性和异己性"的文化批判；三是对主体自身的文化批判，使之得以自我觉醒。这些工作都需要通过教育并借此拓宽生存空间来实现。人不会被动地顺应生活，而是会积极主动地在超越和开拓中去适应生活。①

---

① 李玉芳：《疏离与回归：从教育与生活的关系检视现代学校教育》，载《教育导刊》，2012(2)。

短视的教育会过多地顺从社会体制化的要求而淡漠对生活的创造，它多被理解为是使人顺应环境、顺应给定的活动。关注人的成长的教育需要回归生活世界，这一价值诉求有两重基本含义：一是在价值取向上，教育要以日常生活为依归，力求创造更加丰富多彩的生活；二是通过对生活疆域的开拓，改造和完善人性。

　　面对今天的儿童，我们有责任为他们创造丰富的生活，让他们在接受教育的过程中既享受可贵的童年生活，又面向未来的生活。

从"故事"说起

2012 年 12 月 8 日，诺贝尔文学奖得主中国作家莫言在颁奖典礼上发表演讲。他演讲的主题是"讲故事的人"。其间，他表示自己作为小说家，就是一个讲故事的人，今后，他将继续讲他的故事。从他的演讲中，我们可以发现艺术成就背后的创作之源——生活。丰富的生活积淀加上高超的写作技艺成就了他的艺术高度。

最近困扰我的问题是"怎样的班队课更受学生喜爱"，莫言的主题演讲给了我启发。本学期，我关注了各年段的班队课，大概将其归为两类：一是说教类，教师把近期的教育重点以教师主讲的方式进行讲授，可谓是千叮咛，万嘱咐；二是表演类，部分学生围绕主题排演节目，分工合作。从教育效果看，活动入眼入耳并没有入心入行；从学生体验看，并没有全员的认知体验，没有促进学生在实践中成长。如何让班队课更受学生喜爱更有效果呢？听完莫言的主题演讲，我的脑海里闪出一个想法：让童年生活长满故事。

虽然我们不一定是作家，但在漫长的人生之路上何尝不是在创作属于自己的艺术人生呢？生活需要故事，有故事的生活才显得丰富多彩，有故事的生活才显得生机勃勃。作为教师，我们听过太多的呐喊，听过太多无奈的叹惜。面对今天的学生，我们有责任为他们创造丰富的生活，让他们的童年生活长满故事。

于是，我在期末班主任、少先队辅导员会议中，提出了"让班队课创生学生成长故事"的倡议，让教师在新学期关注学生生活的童味、趣味、情味，挖掘学生生活中的教育元素，丰富班队课的内容与形式，开展活动型的班队课，提升班队活动的实效。结合自己语文教师的经历，通过关注学生兴趣所在，我对教师们提出了三个建议。

请蹲下身子理解学生的生活，让"故事"多一些"童味"。学生有自己的生活乐趣，即使没有玩具，挖沙坑玩泥巴他们也乐此不疲；即使满身尘土，他们也笑靥如花。许多学生在周记里所展现的纯真的儿童生活常常令我感动。记得一名五年级学生在《踩虫记》结尾写道："我鼓起勇气，换上皮鞋，闭上眼，一脚踩了下去，然后踢开叶子看自己的'杰作'，竟找不到那虫子。惊讶之际我却有一份庆幸，那小生灵还能享受春日的惬意。"文中流露的调皮、善良的天性，让我感慨童真的美好与可贵。如果我们用成人的眼光去看待他们的生活，那就会多出一条条的禁令，重重禁锢下童年故事也就戛然而止。我国现代漫画家丰子恺先生陶醉于孩子的天真，他认为由孩子变为成人，好比由青虫变为蝴蝶，而青虫生活和蝴蝶生活却是大不相同的。他告诫成年人：对待孩子，决不能像在青虫身上装翅膀，教它与蝴蝶一同飞翔，而是要像蝴蝶敛住翅膀和青虫一起爬行一样。当用儿童视角看待孩子的生活时，我们也就多了一份理解。

请用心引导，让"故事"多一些趣味。书本的知识固然重要，但生活的教育功能远大于枯燥的说教。当我们关注学生的内心向往时，会发现四季的轮回是如此生动，生活的天地是如此广阔。正如学生周记《乡村风情》中描写的："田野尽头是一片矮矮的芦苇荡。芦苇已开花了，远远望去，如天边飘着一片乳白色的云朵，煞是迷人。轻轻地起一阵风，芦苇轻盈地摆动着，不时向我们点头微笑。我与姐姐会意地摘下了几根芦苇，那穗轻柔地拂着我们的脸庞，暖暖地，痒痒地。低头看，脚下到处是可爱的狗尾巴草。那草真如它的名儿一样，一截毛茸茸的草尖真像狗尾巴呢。踩着满地的草就如有一群黏人的小狗缠在你身边，野趣盎然。"让学生的生活与自然合拍，领着他们投入大自然的环抱，春游踏青，秋游野炊。春天的蛙叫，夏日的蝉鸣，秋叶的绚烂，冬雪的纯净都会给学生的生活增添色彩，留下彩色的光影。让学校教育与自然接轨，充分挖掘在地资源，如滨海学校举办"海味"校园节日，山区学校组织"农耕"体验，让学生通过亲身实践，阅读大自然这本厚实的书。他们的每一次探索发现都是有生命旋律的拔节之声，每一份体验都是有生命动感的成长故事。

请关注学生个体并留心细节，让"故事"多一些情味。学校班级教育让同龄学生聚集在一起，有了合作交流的机会，但对于学生个体来说，他们失去了许多被关注的机会。他们同龄但又有太多差异，有的开朗活泼，有的恬静羞涩，有的健壮，有的纤弱。他们每天遇到不一样的事情，每人拥有不一样的心情，他们都有一颗期待被关注的心。作为教师，关注学生个体，才会创造出真正的教育。至今我还记得读师范一年级时的那个冬天，一次音乐课上，体弱的我因天冷而右手指冻得抽筋，无法通过测试，又急又怕又委屈，是莫老师温柔地安慰我，她用双手揉搓舒展我的手指，那一份师长的关爱被永远铭记在我心里。已快成年的我尚需这份被关爱的温暖，更不必说小学生了。当他们被关注，面临的困难被及时解决时，他们的童年生活就有了阳光的照耀，即使有短暂的疾风骤雨，他们也会见到彩虹。童年的生活故事永远是亮色的。

在"创生学生成长故事"的理念引领下，新学期的班队课有了改观：一是从学生角度来讲，他们的自主性更强了，从班主任、辅导员角度讲，他们常与学生商量活动的形式与内容，使班队课也有了生本意识；二是活动内容更贴近学生生活了，学生乐于把关心的事说出来、演出来、做出来，讨论争辩，付诸行动。班队课不再是一味地说教，而是真正融入学生生活，成为学生成长中的一个个节点。从哲学的角度思考，教育者不仅是组织了一次活动，而且是创造了学生的童年生活。

当我们用心创造，让学生拥有长满故事的童年生活时，这些故事也充盈着我们的教育生活，我们的教育工作不再是日复一日地简单重复，也会长满故事，使教育生涯一路芬芳。

（此文写于 2013 年 2 月。）

生活皆教育

2015 年新年伊始，我参加了宁波市教育局组织的"从名校长走向教育家"行动计划培训，其中在南京晓庄学院附属小学的参观学习令我印象颇深。

校园的"诚信超市"设置在过道中，10 米长的简易柜台上整齐摆着小瓶装矿泉水，旁边放着一个"诚信超市投币箱"，学生可自觉投币 1 元后拿取一瓶矿泉水，交易在无人监督下完成。这让我想起中央电视台关于福建省永定市金砂乡无人售菜市场 26 年不差钱的那则报道。难得看到学校的教育活动与社会生活完全同步，我不由得感叹"社会即学校，生活即教育"。

"生活即教育"是教育家陶行知先生生活教育理论的核心。生活与教育是同一过程，教育不能脱离生活，生活也不能脱离教育。有什么样的生活就应有什么样的教育，教育的内容应针对生活的需要，提升生活的品质。南京晓庄学院附属小学的前身就是陶行知于 1927 年创办的晓庄学校的小学部，近百年来，学校始终坚持陶行知倡导的求真教育。

"教人求真，学做真人"的教育追求刻在校园主体雕塑上，更刻在全体师生的心里。楼梯下设置了"再生资源回收中心"，矿泉水瓶和废纸分类回收。旁边设有"账目公示牌"，上面写着"截至 2014 年 11 月，收入7088.90 元，支出 3179 元，结余 3909.90 元"，备注栏中清晰写明"专项基金全部用于购买学校卫生间卷纸、洗手液等用品"。真是"小小一纸片，放入回收箱，资源可再用，你我共受用"。这种生活实境在学校的再现，是教育求真的最好诠释。

大课间到了，鲁校长带我们来到操场上观看"篮球大课间"活动。只见学生人手一只篮球，整齐列队，在音乐律动中跳起篮球操。我曾看过不少篮球特色学校的篮球操，它们有点像艺术体操中的球操，篮球只是个道具。而眼前这套篮球操让我很是震撼，全体学生眼睛不用看球就能运球，两手交替运球的那份娴熟，左臂抬高做防守状右手运球的那份实用，一改我之前"课间操都是花拳绣腿"的偏见。在整齐有节奏的运球声中，我相信这所学校的学生个个都能上场打篮球。

半天的时间很快过去，"教育是什么"的思考却一直延续至今。因为教育的复杂性，这个问题可能有很多答案，但我相信教育与生活是紧密关联的，离开生活的教育是无根之木。只有珍视生活的教育才是真教育，因为生活处处皆教育。

（此文写于 2015 年 1 月。）

教育即支持

当今课堂教学越来越重视"学","重教转向重学""以学定教"成为热门话题,"翻转课堂"成为潮流,"自主学习"成为教学追求的终极境界。但"教"与"学"的关系我们还没有完全厘清,"教"与"育"的方式更需要探索。"教育是什么"这一基本问题我们还没有想明白。在诸多观点中,我更认同"教育即支持"。

布鲁纳(Jerome Seymour Bruner)的"脚手架"理论也强调了教学行为的"支持"作用,即在教育活动中,儿童可以凭借父母、教师、同伴以及他人提供的辅助物或提示完成原本自己无法独立完成的任务。那么,教学是教育中的课堂行为,从本质而言,教育同样是对人自主发展的支持。教育需要从哪些方面给学生自主发展提供支持呢?

教育重在培养学生的学习兴趣。兴趣是最好的老师。教育就是要激发、认同、提升学生的学习兴趣,使学生从感觉"有趣"开始,然后产生"兴趣",再向"志趣"发展。科学合理的教育行为能激发学生的好奇心,教师可以通过认同、赞赏、分享等"成功法则"使学生体验到因兴趣而产生的成功感,从而走向持之以恒、追求不懈的"志趣"。这是帮助学生走向自主发展的第一步。

教育重在为学生提供学习资源。"互联网+"时代的学习平台创设出不可计数的学习资源,打破了传统意义的教育在线概念。教学不再囿于一个课堂一个班级,不再拘泥于一位教师一门学科,教育也不限于学校围墙内,而是在时间和空间上的全面支持。"支持"不是统一的指令与替代,而是提供广泛的启发和个性化的选择空间,为自主发展提供一条新路径。

教育重在帮学生掌握学习方法。学习方法因人而异，需要学习者在大量实践的基础上提取学习经验、掌握学习技能、巩固学习方法。在这一过程中，教育的支持往往起到引领示范、推崇肯定的作用，使学生在启发与自我矫正中得到个性化的自我构建。在倡导自主发展的学习过程中，如在小组合作、交往讨论、分组展示等活动中，教师不仅注重学生对知识的共享，而且更强调学生在学习方法上的相互启迪。

　　教育重在构建优秀课程。国家课程为学习者的发展提供了普适性的基础保障，而课改背景下的新课程规划尽最大可能去满足学生的个性化发展需求。深化课程改革后，课程的内涵与外延都得到扩展，从广义上来说，精心设计的有助于学生自主发展的一切学习活动都可以称为课程。学校倡导根据不同学科的教学特点开设长短课、整合课，根据学校具备的教学资源开设选修课，因生而设，因需而选，课程的实用性得到最大限度的发挥。教育基于课程的支持，不再以知识体系为主，而是以学生需求为主，努力实现"课程是学生的课程，学习是学生的学习"。

　　教育即支持，它不是固化一种"最优"，而是提供一种"适恰"，让学生在不断得到个性化支持的过程中，提高自我支持的能力，逐步实现从他助到自助的转变，最终实现真正的自主发展。

　　（此文写于 2015 年 8 月。）

在许多学生的印象中，校长是在每周举行升旗仪式时，面向全体学生发表讲话的一校之长，不是表扬就是训话。久而久之，事不关己，学生们也就只负责列队站立，校长的话就是耳旁风。那么，教育者怎样才能走进学生的生活，让教育真正发生呢？

垃圾分类我来演

2018 年秋，宁波市全面推行垃圾分类。为倡导这一环保生活方式，德育处请我利用周一升旗仪式上的讲话时间，面向全体学生进行宣讲。但要把四色垃圾桶的用处说清楚不是一件易事。即使说清楚用处，许多学生也不能完全听懂这种倡导的新的垃圾分类方式。大队辅导员提议学校买几个垃圾桶放到司令台上进行演示；德育主任建议学生通过互动答题方式掌握垃圾分类知识。我想，既然要让学生上台互动，索性由学生进行角色扮演，来一场垃圾分类真人秀。

周一早上八点半，学校例行的升旗仪式刚结束，全校 1600 多名学生接受了一场不一样的教育。

校园学习伙伴"小智"带领扮演角色的同学们登上司令台，这一下子就吸引了全体学生的目光。首先，小主持人开场："同学们，随着时代的发展，我们的生产和生活中产生的垃圾越来越多，种类也越来越丰富。有的垃圾可以回收利用，有的垃圾会给大自然带来污染。那么，这么多的垃圾我们要怎么处理呢？下面就请小智帮助我们替垃圾找到回家的路吧！"紧接着，小智拿起不同的垃圾和学生互动，提问该如何分类投放。当小智按照同学们的建议向各色垃圾桶投入不同垃圾时，有的垃圾顺利被投入，有的却被真人版"垃圾桶"弹出老远，操场上立刻爆发出笑声。

教育，为成长提供支持

在这场特殊的演出中，垃圾分类倡议教育收到意想不到的效果，学生听得认真，学得深入。

德育短剧"班班演"

一次特殊的表演成就了一次成功的教育，这是一种怎样的教育力量呢？在对比中反思，我们发现首次排演的德育短剧站在学生的立场展开教育，顺应学生的身心发展规律，把学生当主体，用学生的眼睛审视世界，用学生的耳朵倾听心声，用学生的心智思考问题。

于是，我们把学生喜欢的教育方式保持下去，开始了"学生立场"视域下的德育短剧实践探索。周一升旗仪式结束后，我们有计划地安排班级学生上台表演。学生可以把他们在生活与学习中的冲突、烦恼、困惑等编成短剧本，以小品表演、角色扮演、情景对话等方式进行表演，时长不超过 8 分钟。因为由学生自编、自导、自演，演的是自己身边的事，说的是自己心中想说的话，解决的是自己亟待解决的事，因此容易引起其他学生的情感共鸣，从而达到让学生展示自我、启发自我、改变自我的教育目的。

2019 年 10 月搬入新校区后，德育戏剧"班班演"便在学校展开，如学校举办传统活动，德育处拿方案，大队辅导员负责实施，"班班演"成了每周一的固定节目。

为了有计划地开展德育短剧表演，德育处在筛选时初定了 20 多个主题，从六年级开始，以班级为单位，依次选定一个主题创作戏剧。一年多来，除了因为天气原因中断外，学校组织开展了 20 多场"班班演"活动。演出主题涉及文明用餐、垃圾分类、节约用水等。现在该活动已成为学校乃至奉化教育系统的"品牌"活动。

文明创建我代言

2020 年 10 月，宁波市为创建文明城市征集宣传片，我校抓住这次机会，使学生们登上了更广阔的舞台。

401 班的学生主动承担这一任务，他们表演的是"校园卫生间的故事"。2000 多字的剧本有 5 幕，涉及 8 个人物，近 40 条对白，通过"水龙头"和"水池"的对话，讲述了小学生因不文明用水而造成的水资源浪费。剧本还采用了"戏中戏"的结构，让主人公"小捣蛋"穿越到 4020 年，感受气候干旱、地球缺水的危机。回到现实后，"小捣蛋"幡然醒悟，从一个不关水龙头的"淘气鬼"，变成了环保节水"小卫士"。

这部 5 分钟的情景剧，8 个同学利用午饭后的时间，一周完成创编排练，至于表演和服装道具，他们也是通过课外交流后揣摩确定。

说到创编过程，学生们深有感触。"选这个主题，是发现班上几个学生在卫生间把纸揉成团，浸湿了然后打水仗。总务处也反映手纸用得快，这不是个别现象。"这个短剧就是要学生上好"节约用水"这堂德育课，倡导校园文明行为。小学生不是专业演员，德育戏剧也不是重在"演戏"，而是"演身边人讲身边事"，用的是小学生自己的语言。台上的小演员很投入，台下的小观众很入戏。

"我要让纸巾吸饱水，做个深水炸弹！看看哪个倒霉鬼会中弹！"扮演"小捣蛋"的小戴同学演到卫生间里打水仗这幕时，台下哄笑一片，有的同学却羞红了脸。

经过表演、拍摄，在这次文明宣传征集活动中，学校获得了二等奖。

在表演中实现自我教育

2020 年 11 月，我校学生参加了宁波市教育系统第 18 届艺术节中小学戏剧比赛，由他们自排自演的校园剧斩获二等奖。《宁波晚报》记者特地赶到学校进行了专题采访。

说起成功的秘诀，舒老师对小演员赞赏有加。"这些小演员们都是从'班班演'里挑出来的'戏精'。尤其是 601 班的小舟，他去年演了《麻辣烤串》。"

"我最近从国外引进了一个大项目。什么大项目？苏格兰麻辣烤串！用的地沟油都是进口的！"《麻辣烤串》的经典台词，全校学生都能脱口而出。那是"班班演"中很成功的一个剧目。以前很多学生爱吃路边摊的麻辣烤串，还有同学请客就是吃麻辣烤串，学生一人一串，要是几天不吃还想呢。自从《麻辣烤串》在学校周一"班班演"中上演，学生们都哄堂大笑，摇了摇头再也不吃了。"一看到麻辣烤串，就想到那句经典台词。哈哈哈，没人敢吃，更不敢请吃烤串了……"

2020 年 11 月 17 日，《宁波晚报》以《宁波这所小学的学生"戏很足"！自己写、自己演，讲身边发生的故事》为题，整版报道了我们学校开展的德育短剧"班班演"活动。

随着德育短剧"班班演"活动的持续开展，我们对教育戏剧的感悟也更深刻。在推进教育戏剧过程中，每个学生都能有所展现、有所启迪，比如，语文好的学生写剧本，唱歌好的学生演音乐剧，美术好的学生做道具和海报，不怯场的学生当演员，他们之间的切磋本身就是一种收获。即使是当小观众，学生们也能在戏剧中感知一种文化，从而观照自身，获得进步。

奉化区教育局领导对学校的德育新方式做了如下点评：德育戏剧正成为一种以培养学生正确的社会行为和价值观念为取向的校园德育途径，让德育的中心回归学生个体。它改变了原来枯燥乏味的说教德育，使学生通过观察，总结学习、生活中的实际问题，通过生生协作，各展其长的方式，让学生发现自我、自由探究、深度交流、获得满足，让他们成为德育教育的主体，真正参与到学校的德育教育工作中。在帮助小观众形成自我认知的同时，也让小演员重新发现了自我。我校"班班演"的德育戏剧方式用讲述故事、角色扮演、制造张力冲突等技巧，调动参与者情感，让参与者全身心投入，真正发挥戏剧在道德培养领域的作用。它是最能承载情感、表达情感、交流情感的艺术形式。我们也鼓励学校创造出更多这样生动的德育新方式。

（此文写于 2020 年 12 月。）

新课程改革注重课程资源的开发和利用，从而唤醒广大教师的课程资源意识。然而，我们发现，在课程资源的开发与利用热潮中，教师更多着力于校内外的文字、实物等显性资源上，而忽视了学校氛围、师生关系等隐性资源，尤其是对近在咫尺的学生世界里的学习资源视而不见。

学生是一个个鲜活灵动的生命个体，他们在丰富多彩的活动中发展与成长。学生已有的知识基础、以往的生活经历、平时看到的现象、听到的信息和成长的经历等构建成最具开发潜力的生本学习资源。我们要蹲下身子，贴近学生，走进学生的世界。我从语文教师的目光去观察，会惊喜地发现语文就在学生的生活里：在他们哼唱的歌曲里，在他们痴迷的游戏中，在他们记忆的海洋里，在他们热衷的电视节目、电脑世界中……我们可以充分利用这些资源展开教学，使学生已有的经验、智慧和学习的内在积极性，为学生的语文学习所用，使语文学习呈现张力。

挖掘校园生活中的流行性资源

陶行知说："生活与教育是一个东西，不是两个东西。"学生在轻松快乐的校园生活中表现出强烈的个性爱好、兴趣特长，他们在丰富的活动中展示着蓬勃的朝气。多彩的校园生活里包含了丰富的"流行元素"，从而形成纯天然的生本学习资源。

一段时间里，我发现五年级学生中流行传唱《动画城》的主题歌《快点告诉你》。我想流行自有流行的道理，歌曲凝聚那么旺的人气一定有它的妙处。我请教学生后发现歌词挺有意思："……都是怪我的粗心，责备自己太大意，找不见你的地址，可爸爸就要去邮局……"歌词似一首感情真挚的诗，唱出学生对《动画城》节目的热爱。读着哼着，我萌生出一个创意：设计歌词创作欣赏教学单元。首先我请学生们唱一唱，读一读，说说歌词值得欣赏的地方。由于学习内容来源于学生感兴趣的歌曲，他们认真地欣赏品味，积极发表自己的看法。一名学生说："歌词运用了拟人手法，把动画城当作了心中的好朋友。"另一名学生说："歌词中'天气、游戏、大意、蜡笔、惦记'句句押韵，读起来朗朗上口。"其他学生说："歌词很真实，'研究十万个为什么的问题'这一句唱出了我们平时的爱好……"在此基础上，我请学生欣赏人手一册的《校园歌曲》，他们非常投入地读啊唱啊，有的认为《拨浪鼓》像一篇假日游记，有的喜欢《刷牙歌》中"上上下下、前前后后、仔仔细细、轻轻柔柔"的节奏感，有的欣赏拥有"风火轮、乾坤圈、混天绫、轩辕箭"的《小哪吒》……大家表现出极具个性的欣赏力。我又让他们根据喜欢的歌曲旋律创作新的歌词，他们饶有兴趣地写着，唱着，一个个俨然成了词作家。

自此之后，我也跟上了学生们的流行节拍，并乐此不疲。当他们兴起用扑克牌玩"24点"速算时，我为他们组织"24点"大赛，他们写下《擂台"24点"》《智者的较量》《有趣的扑克游戏》等习作；当他们的手中响起扭扭锁叮叮当当的脆音时，我让他们写写《扭扭锁的自述》《扭扭锁的窍门》《扭扭锁的广告词》等。学生们的校园生活成为一股携云带雨的风，吹出一片清新的天地。

搜索记忆仓库中的经验性资源

学习是一个以已有知识和经验为基础，通过读者和作品间的相互作用，理解、发现、探究和重新建构作品意义的过程。在阅读与写作中，学生如能充分利用已有的生活经历、知识经验，便能创生出一本完全属于个体的丰厚书籍，为新的学习建构厚实的知识底座。

在课文《挂两支笔的孩子》中，作者通过"钢笔老划破纸""全身发热，手心湿漉漉的""三四十个字的信，写了大半个小时""咬着笔杆，琢磨了一阵""长长地吁了口气"等不同角度的描写，把陆小亮帮老奶奶写信时的那份"费劲"刻画得细腻而生动。在学习时，我让学生回忆生活中的经历："你在什么情况下也这样的费劲？那时候心里在想些什么？"学生们都回想起考试遇到难题时、写作没有内容时的表现和心情，非常真切地感受了陆小亮的窘境。学生以自身经历与文本对话，这种体验显得尤为真实，所以，他们在朗读这段话时，把隐含在字里行间的陆小亮的紧张不安、略显尴尬而又勉为其难的处境表现得淋漓尽致。在随后的迁移写作中，学生们再次在记忆仓库里搜索经历，运用文中的词句写下《令我费劲的一件事》，将情景描写得生动传神。

同样，在学习儿童诗《请求》时，我引导学生回想生活中一次次尝试与失败的经历，他们读懂了"在一次次摔跤之后，我才能肩挑泰山走过九十九条沟"；在学习《幸福的回忆》时，我让他们拿来小时候的照片，写下《照片里的故事》……在学习新知的过程中，学生记忆仓库中的经验性资源成为他们最好的老师。

捕捉课堂学习中的生成性资源

在充满生命力的课堂上，只要善于思考，勤于捕捉，我们会发现每一个学生心中燃起的思维火花都会闪烁耀眼的光芒，成为富有生长力的原点，使课堂学习充满张力。《五月端阳》一课描述了端午节人们做香袋、包粽子、赛龙舟、思屈原的情景，营造出悠闲、温馨、热闹的节日氛围。在初读课文感知端午节的各项活动后，我引导学生分别从三方面的描写中品味端午节特有的味道。学生通过品读展开想象，从"做香袋"中读悟姑娘们心灵手巧、认真细致与轻松悠闲，做出的香袋色彩艳丽、形状各异、香味扑鼻。这时，一名学生提出想用一首诗表达自己对端午节的印象，随即便朗诵起来："端午是一只只鲜艳的香袋，缝进了姑娘的心灵手巧，缝进了节日的悠闲。"话音刚落，学生们都鼓起掌。我从掌声里听出了他们对那名同学的赞许，也感觉到他们也有这样的创作欲望。我想这首精致的小诗是很好的学习资源，因为学生喜欢欣赏、喜欢模仿，所以我改变原有设计，请学生读读课文中其余几方面的描写，也模仿着创作小诗，写出自己的感受。学生们读读想想，欣然提笔，写下属于自己的端午印象："端午，是一个个香糯的粽子，裹着妈妈与孩子的亲情，裹着节日的温馨。""端午，是一条条争渡的龙舟，赛出小伙的勇猛与好胜，赛出节日的热闹。""端午，是一个个故事一个个传说，讲述着屈原的爱国，讲述着人们的怀念。"从学生们的诗句中，我感受到他们特有的语言与思维的魅力。

把握生成性资源，使我与学生同行，共同经历学习语文的过程，让学生参与到教学设计中。生成性学习资源的生发，使课堂教学显得更有生命力，更有成长性。

开发学生交流中的互动性资源

社会大课堂，学校小社会。校园里，课堂中，学生间形成了一种社会式的人际关系，他们相互合作，相互评价，讨论这一年龄所关心的话题，展开争论，形成自己的评价体系。在尊重每一个生命的时代背景下，每个学生的见解都是一个独有的声音，包含评价、合作、交流等以交际因素为主要成分的隐性资源。

在作文教学中，我引入了学生评价这一互动性资源。《我想发明……》习作练习后，我在班级组织活动"未来发明博览会"，把没有批改的学生习作贴在了习作园地。然后我分给每个同学两张写有"优秀作文"字样的特殊购物券，要求学生在自由阅读所有习作后，把选票贴在最想"购买"的"新产品"处，最后看哪个同学的作文会成为"未来发明博览会"的畅销作品。活动前我还提议学生为自己的作文做一分钟的广告。学生耐心地阅读欣赏着同学的作文，读完一篇，又转向另一篇。交流活动结束后，我们根据得票多少揭晓了最受欢迎的十佳作品，并请这些小作者上台朗读。在同学们的静心倾听中，"未来发明博览会"落下帷幕。几天后，这种特殊形式的"作文超市"成了许多学生习作的题材。他们在文中表达了自己的独特感受。通过这些真实记录学习生活的作文，我感受到了活动带给他们的崭新冲击，更认识了学生评价资源的开发利用价值：凸显了学生作文的阅读价值，巩固了学生自主学习的地位，提高了学生的欣赏评价能力，培养了学生的写作反思意识。经过包装的趣味性评价活动，使学生的参与积极性大增，使作文评改的主动权回归到学生手中，使习作教学显得生动有效。

只要善于发现，每一位教师都会是一个优秀的课程资源开发者，挖掘学生世界里的学习资源，从而引领学生读好生活这本书，让学生站得更高，望得更远，从而在生活的世界里畅游。

（此文写于 2005 年 11 月。）

做校园生活的主人

2019 年 6 月 23 日，《中共中央 国务院关于深化教育教学改革全面提高义务教育质量的意见》(以下简称《意见》)首次全面系统地梳理了新时代深化义务教育教学改革的指导思想、基本要求和政策措施，明确了义务教育质量提升的新时代要求。《意见》提出了全面提高义务教育质量的主要任务，其中就包括坚持"五育"并举。

德育在学校教育中的重要性不言而喻。但是面对家长对学生学业质量的高要求，学校却始终未能平衡智育与德育。长期以来，由于认识上的偏差，以及方式、方法的不当，学校的德育时常被质疑在做表面文章，实效性不高。

质疑一：德育活动就是教师说教。从德育的意义讲，学校是学生学习成长的地方，但德育活动只教条化地规范学生的日常行为，没能使学生真正内省，真正入心，起不到效果，到头来的结果还是"5＋2＝0"。

质疑二：德育活动就是学生表演。小学德育活动往往是学生的表演活动，而且是小部分学生的表演，其他学生更多的是观看，没能在活动中真正触动学生的心灵。

质疑三：德育活动就是费时费力。课程之外的时间，教师往往安排了各种德育活动，占用时间、浪费学生精力，却看不到实效，时间与实效不成正比，还是回归课堂学习更有实效。

分析以上的质疑声音，既有对学校德育活动的曲解，教育的慢成长被功利化地要求立竿见影，也有一些学校德育活动实践不到位的情况，存在活动与教育两张皮的现象。如何突出德育实效，促进学生全面成长，真正成人呢？

2019 年 10 月 8 日，实验小学迎来发展机遇，整体搬入新校园，全体教师都满腔热情，投入到新校建设中。可是新学校遇上新学期，教师们不堪重负。"新校建设要抓紧，传统的校园活动能不能不搞啊？""难道为了新校建设，要让学生缺失校园活动？"学校领导班子的争论道出了学校工作的困难。实践不就是最好的成长机会吗？"学生参与学校建设是难得的学习实践活动，让学生与学校共成长，怎么样？"随着讨论的深入，大家一致认同，让学生参与学校建设，做校园生活的主人。

做校园生活的创造者

新学校的环境建设至关重要，我们提供了大量实践活动，让学生参与新学校的环境建设，让他们"学以致用"，为学校出力，我想这就是最好的爱学校的教育。新学校面积大，教学用房面积比老学校多了几倍，需要在校东门、南门设置"校园分布平面图"。学校组织全体学生在老师带领下熟悉校园，高年级学生根据原有设计图纸手绘校园分布平面图。经过一番征集评比，两名同学对不同方位的设计作品成功入选，分别被放置在校东门、南门入口处。在他们的笔下，餐厅食堂被绘成面包房，小剧场以唱歌的学生为标志，校园平面图童趣盎然。为把教育功能放大，学校制作了"校藏作品"证书，在全体学生面前举行颁证活动，两名学生很有学习成就感，这也激励了全体学生用自己的所学所能为建设新校出力。

虽然是新学校，但学校修艺楼的楼道上有建设时留下的许多彩胶斑渍，它们给崭新的校园留下"污点"。除非重新搬机器打磨，不然消除不了。难题留给学生来解决！我们按照既定工作思路，在校艺术节中组织"用艺术装点校园"活动。有美术特长的学生发挥了自己的绘画才能，根据不同楼层的功能，分别设计了音乐、美术、信息、科技四个有学科特色的楼层指示图，并请广告公司放大指示图，制作成地标贴在地面上。这样既遮盖了污渍，又美化了校园，还指明了楼层功能。

做校园生活的引领者

见面问好是生活礼仪，师生问好是校园常态。但外来参观校园的教师团遇到了一个尴尬情况：学生列队去体育馆上课，他们手持网球拍，个个精神振作，参观者好奇地问他们是去上网球特色班吗，学生却都不理睬。针对这种情况，我们将"师生见面问声好"作为一周教育重点，但是简单的一声"老师您好"要从学生口中说出也有难度，要让学生养成问好的习惯还很难。怎么办？学校提出"人人争做好风尚引领者"，学生要主动向教师问好，教师对学生的问好要热情回应。在人际互动中，大家相互比较，模仿学习。一星期后情况大为改善，"老师您好"蔚然成风。

为培养全体学生的"正气、儒气、灵气"，我们从积极心理学的角度开展"榜样教育"，立足学生核心素养发展，以"人人争做好榜样"为抓手，注重日常习惯养成，把立榜样、学榜样、做榜样系列活动渗透于德智体美劳实践活动中。

首先，要抓好"第一次"。10月8日，新校区开学第一天，学校精心组织了"你好，新校园"课程，各班组织学生了解课上、课下、午间用餐等新秩序。新校区有了宽敞的两层食堂，能容纳全校师生同时用餐，学校严格要求学生遵守用餐秩序，真正做到以良好开端养成好习惯。

其次，关注养成的持续性。为消除德育活动的短时性、片面性，学校全面开展榜样教育。一是拍摄制作各种校园活动规范行为视频，如阅览室借阅视频、食堂用餐视频、放学列队行进视频等。谁来做拍摄的主角呢？学校提出"观察一周，让大家争做小标兵"！于是，全体学生规范自律，表现好的学生成为视频拍摄的主角。二是每月开展"争做小标兵"活动，学校把各项行为标兵的靓照贴在"我们的榜样"宣传栏里，全体学生都非常关注。整个学期中，系列"争做小标兵"活动营造了全员、全程、全面、全域的成长情境。

德育的"说教"从信息源分析主要是"单向输入"，这就导致这种"说教"缺少深入的思辨，缺少内省，我们难以看到自主行动后的成效。"学有所用"是实践成长的第一股力量，"用有实效"是成长的后续力。榜样引领的互动情境帮助学生打通"认知输入""行动输出"的成长通道。

做校园生活的管理者

学校于2004年起设立了"学生校长"岗位，每年少先队代表大会上学生参与全校性的自主竞选，任期一年。但十多年来，学生校长的职责仅等同于红领巾监督岗的检查。现在新学校学生多了，校园大了，需要更好地发挥学生校长的管理能力。于是，我们决定让学生校长真正做一校之长的事，把每周升旗仪式的值周小结任务交给他们。

为了把学校管理得更好，学生校长不仅要"管"，即在课余时间管一管不守规则的学生，他们还要"理"，即理一理用什么方法更能让学生接受建议、改正缺点。因此轮值的学生校长变得更加认真负责，他们披上学生校长的绶带，在升旗仪式上做值周小结——回顾一周校园生活；提出表扬与批评；颁发五色花……实现了校园内学生的自治自理。另外，他们通过少先队代表大会提案给学校发展出谋划策，作为"小桥梁""小助手""小参谋"，使学生民意下情上达，学校决策上情下达。学生校长引领全体少先队员积极参与校园民主管理，提升组织领导能力，培育民主管理意识。

学生校长重在参与学校管理，而学校少先队大队委员们主要通过"学生会堂"自主组织少先队活动，他们以"自主、创新"为主旨。少先队员们在辅导员老师的引领下开展丰富多彩的活动，从确定主题、组织策划、活动实践到宣传报道，都自主协商。当大队委员们了解到奉化区有一家企业生产神舟飞船的零件时，他们组织小分队进企业参观学习，并记录采访，他们还邀请了总工程师进校园作讲解工作。在一段时间的筹备之后，他们在校内组织学生到报告厅听取他们的介绍，并请总工程师给少先队员普及航天知识，讲神舟飞船的故事。队员们在学生会堂中实现了自主参与、创新体验、自主发展。

法国思想家卢梭（Jean-Jacques Rousseau）说道："最好的教育就是无所作为的教育：学生看不到教育的发生，却实实在在地影响着他们的心灵，帮助他们发挥了潜能，这才是天底下最好的教育。"新校园建设持续进行着，我们让全体师生成为校园生活的主人，在真实的情境中综合运用知识解决问题，在生活实践中成长。

（此文写于 2022 年 3 月。）

第二章
文化滋养生命

　　文化立校。何为学校文化？关于学校文化，人们有太多的理解与实践，涵盖理念、制度、环境、符号、标识等元素。因为理解不一，所以在学校文化构建过程中，有的办学者注重环境建设先行，让学校外显出独有的文化氛围；有的强调制度立校，对学校应有的校风、教风、学风梳理统整。但实践中存在的碎片化思考与行动让学校文化构建事倍功半。有的办学者面对原有积淀不知如何传承与创新，有的是过多地复制与移植，丢弃了学校原有的文化传统，同时异化了学校文化的力量。

　　学校文化构建的路径因校而异，但只有真正理解学校文化、把握学校文化的核心价值，才能系统地架构起学校文化的顶层设计。

基于实践的认识，我更赞同以下描述：学校文化是基于某种理念，使组织成员认同该理念，进而把这种理念转化为行为，在此过程中形成共同遵循的价值观念、道德准则、规章制度、作风与传统等。概而言之，构建学校文化的关键在于确立学校的核心价值观。

　　学校文化讲求"以文化人"，文化的意义就在于传播学校倡导的核心价值观。学校核心价值观就是为了学生、为了教育、为了社会而植于心灵深处的精神诉求，是所有成员对学校一切人、事、制度等各方面进行判断的价值标准，它是凝聚学校全体成员的根本。

启动海洋文化建设的引擎

2009 年，我从奉化市实验小学调往奉化市莼湖镇中心小学(下称"莼湖镇校")任校长。这一年也是教育局提出的"学校文化建设年"，"加强学校文化建设，促进学校发展"成为学校努力的方向。

亲近海洋文化

如何让教师投入学校文化建设中？只在会议上面向全校教师动员与号召，教师无法认识和理解学校文化与课堂教学、学生成长的联系，那么，学校文化就无法深入校园、深入课堂、走近学生。这是工作的起步之难。作为莼湖镇校的新任校长，由于缺乏对校长这一岗位的工作经验，缺少对学校、教师、学生的全面了解，因此我难以找到符合学校现状的文化特质，难以架构起可行的学校文化建设路径。这是建设之难。

事在人为，面对困难，我能想到的第一招就是多了解学校文化。学校教师普遍年轻，大部分是近几年刚分配的住校教师，他们接受新事物新理念快。我把各年段、各学科的教师都选录到建设小组中，和他们一起探索学校文化的定位与建设路径。在收集资料、征集建议、讨论观点等"亲近文化"的过程中，文化味慢慢浸润着教师，使他们更积极主动地投入到学校文化建设工作中。

寻找学校文化的特征是学校文化建设的切入点。莼湖镇校从 2003 年起迁址新建，历时 5 年刚完成最后一期食堂建设工程，学校文化就如雪白的墙壁一样。如何确立学校文化，推动这所学校的发展呢？

"郭校长，这里是渔镇，空气都是鱼腥味的，你可能不习惯吧？不过，当地人的生活靠的就是这种渔味啊！"初来乍到，本地教师的一句话点醒了我。学校刚刚完成基础建设，老校舍留给了新办的尔仪小学，没有了文化的根脉，学校文化建设显得底子薄弱，这劣势是客观存在的。但乡镇学校也有自身的特点，抓住特点转换劣势就可以发展为特色。打造"海洋文化"这富有地域特色的学校文化建设思路随着海风吹拂而来。莼湖镇校地处东海之滨象山港畔莼湖镇，莼湖镇有着两千多年的海洋文明历史，下辖中国第一渔村桐照村，海洋文化源远流长。我记得老教师聊过老学校"莼湖区校"的办学历史，提到亲自带领学生制作海洋标本时，他颇为自豪。经协商，文化建设小组一致赞同将打造富有地域特色的海洋文化作为学校文化建设的主方向。学校启动了海洋文化建设的引擎。

如何让师生的海洋文化基因得到生长呢？打造海洋文化特色是基于地域特征的建设定位。然而本校外地教师多，教师人文素养中滨海文化知识积累薄弱，以上因素限制了学校文化建设的师资力量。无法提升教师对"海洋文化"的认识与积淀就难以真正发展学生核心素养，打造学校海洋文化品牌。"亲近文化"让教师集体投入文化建设中，依照同样的思路，我们思考从师生常触及、可接受的课程与教材入手，让"学校文化""海洋文化"深入校园、深入课堂、走近学生。我们以校本教材建设与实施为突破口，从探索实施教材、课程、环境等多元互动入手，完善教师、学生、学校多向发展的学校文化建设策略。

编写海语学习指南系列校本教材

课程是学校文化建设的基础媒介和重要载体，能保证学校文化建设的全面开展，而其中的教材是课程实施的保障。我们以编写《海语课程学习指南》为切入点，启动以海洋文化为特色的学校文化建设。

首先，整合研究目标，确定编写思路。我校原有省、市立项课程两项，分别为读写结合、课外阅读研究方向。现启动学校海洋文化特色建设势必分散研究力量。作为一个乡镇农村学校，集中研究力量是开展研究工作的上策。因此，我们把教学与德育课题研究相融合，整合阅读指导、写作指导、海洋文化熏陶三项学习目标，编写《海语课程学习指南》。

其次，明确年段目标，分层落实重点。"海语"的含义为"海洋的语言"。校本教材共 12 册，根据学段分两个层级。一、二年级为"海之语听听说说"，共 4 册，按内容分别命名为《海洋容颜》《海洋资源》《人与海洋》《滨海民俗》；每册安排 16 课时，每课时安排"听一听""说一说""做一做"三个学习栏目，重点落实海洋常识的学习和听说能力的发展。三、四、五、六年级为"海之语读读写写"，共 8 册，分别命名为《脚印和大海》《海滩上的童话》《在大海面前》《大海日出》《深海"雪花"》《海滨仲夏夜》《海边幻想》《海思》；每册安排 16 课时，每课时安排"海纳百川""含英咀华""文思泉涌"三个学习栏目，重点落实海洋题材文学作品的学习和学生读写能力的发展。

再次，编写校本教材，提高教师素养。校本教材编写过程也是教师学习历练的过程。在为期三个月的初稿编写过程中，教师核心素养得到了全面发展。一是通过阅读大量有关海洋题材的名家作品，自身受到优秀文化的良好熏陶。二是增加了关于海洋的知识。例如，"海"与"洋"的区别，"岛""岛屿""群岛"的区分等。三是积累了丰富的乡土知识。在《滨海民俗》一册的编写过程中，教师查找阅读了乡土作家林崇成的《悬山潮音》等书籍资料及"莼湖十景"宣传画册，从中了解了滨海特产、民间传说、地名由来等知识。四是重审了语文教学的知识体系。在编写过程中，为了将阅读指导与习作引领实施到位，教师重新解读了语文课程标准及人教版整套教材，对教学知识体系架构有了更清晰的认识，在很大程度上提升了教师教学的整体驾驭能力。五是提升了综合能力。在编写过程中，教师通过资料收集、文句精简、图片处理、版面设计等工作，实践能力快速提升。

最后，组建教师学社，营造研修文化。在编写过程中，教师能力的提升在一定程度上转化为教师终身学习、主动学习的意识与素养的提升。基于工作任务，让教师回归学习状态，让他们不断研究学习，并强烈意识到不断学习的重要性，在亦师亦生的工作中将学习状态养成终身学习的职业习惯。在教师研修活动中，学校成立了以青年教师为主的教师学习共同体——"海韵"学社，先后开展了海洋文化笔会、沙龙活动，拓宽了教师发展的途径。

实施海语校本课程

校本课程的实施能保证学校文化建设在学生层面上的有效落实。学校在课程设置上，安排了每周三节(周五下午)校本课程，其中第一节为全校统一的海语课程，第二、第三节为学生特长发展时间，在时间空间上保证了学生能力的发展。

首先，实施海语校本课程，普及海洋文化。海语校本课程的教学者为各班语文教师。在一、二年级课程教学中，因学生识字不多，在"听一听"环节，教师可以充分利用教材中的图片，通过重点讲解方式来完成。

在"说一说""做一做"环节中，教师可以充分发挥学生主体作用，通过讨论、互动来完成，如复述、指图、连线等活动，其中部分"做一做"内容延伸到课外实践活动中。在三至六年级课程教学中，"海纳百川"学习栏目让学生品读欣赏范文，教师可以引导学生从写作角度欣赏名作家的典型作品。同时，在内容上，我们根据学校地域特点，让学生阅读到有关大海景观、风情、品性等文章，使学生亲近大海、了解大海、感悟大海，培养热爱大海、热爱家乡的感情。"含英咀华"学习栏目为学生设计了若干阅读练习，以帮助学生更好地理解、吸收写作经验。"文思泉涌"学习栏目为学生提供了与范文切合的作文题材，让学生在范文的引领下进行迁移仿写，从而巩固写作方法，使其写作时不再苦思冥想而不得。阅读、写作、综合实践三驾马车保证学生海洋文化素养的提升。

其次，开展特长活动，发展个性特长。在周五的校本课程中，我们根据海洋文化实践需要、教师自身能力和学生发展需要确定多项活动课程。其中，海洋标本制作小组主要学习标本制作技能，并把制作成果陈列于海洋生物标本室中；小主持人小组主要学习主持、朗诵、小导游技能，并承担学校"海之语"海洋文化科普长廊的讲解任务及"海风"红领巾电视台节目的主持任务；海洋文化研究小组主要学习科学小课题研究，如开展"红胜海塘围堤对海洋环境的影响""南岙长寿村长寿秘诀"等学习研究。大量的活动实践真正提高了学生的滨海生活知识与技能。

最后，加强社团建设，营造社团文化。为增强学生的特长活动意识，在原有特长小组基础上，学校开展了星级社团竞赛活动。星级社团不仅要以海洋文化习得为主要任务，而且要求各学生小组都能有自己的特色名称、组织建设。学校先后涌现了"珊瑚鱼"绘画社、"小海鸥"舞蹈团、"墨鱼"书法社、"金螺号"导游团等学生社团，使学生组织的概念不仅仅是班级，而且是所有有益的学习团体，增强了学生的学习意识与组织意识。

让校园"海风"拂面

在课程育人基础上，我们加强环境育人。在硬件环境上，我们努力打造海洋文化特色，使校园"海风"拂面。

一是建设"海之语"海洋文化科普长廊。我们挖掘海洋文化教育阵地，改造原先连通学校两幢教学楼和一幢综合楼的连廊，把七十米长的一楼长廊建设成"海之语"海洋文化科普长廊。我们选用海语校本课程的教材中的图文，设计近三十个版面，重点展示"海洋容颜""人与海洋""滨海民俗"等内容。学习不仅在课堂里发生，文化不仅只在书本里，我们要让学生身处校园大课堂，沉浸在浓浓的"海味"之中。

二是布置"海之声"莼湖地名古诗长廊。我们收集历代文人墨客描写渔镇风情的古诗，把二楼连廊布置成"海之声"莼湖地名古诗长廊，如"一哄嚣声挥汗雨，三竿霄色散腥风"。《鲎埼亭观海》《莼湖市集》等一篇篇历代反映莼湖镇地方特色的古诗句再现于学生眼前。著名书法家沙孟海之父沙孝能所写的《过湖头渡》展现了广阔的视野、博大的胸怀。学生们漫步诗廊，诵读千古名句，品味渔镇风情。将传统文化与地域文化相结合，可以消除古诗与学生的距离感，使古诗变得亲切起来。另外，为增加校园的书香味，各班设立了图书角，张贴读书格言。学校在草坪内布置海石，并在海石上书写与海洋有关的词语诗句，如"海纳百川""海阔凭鱼跃""海内存知己"等，学校的围墙上也画上了"莼湖十景"画面。

三是设立海味特色的年级学习园地。我们在楼梯转角处设立三至六年级学习园地，学生们群策群力，把自己的学习园地分别命名为"金沙滩""欢乐岛""星海湾""七彩礁"等，海味十足。各年级学生定期出刊，展示学习成果。学生如一个个赶海的小能手，遨游在蔚蓝色的知识海洋里。这一园地与班级学习园地的设立初步显现出学校"展示、激励、共享"的教学理念。

四是挖掘新时代"海洋品格"。以海洋文化为特色的学校文化建设的显性目标不仅体现在校园环境、师生知识素养上，更在于对海性品格的塑造上。我们应以崭新的视角挖掘海洋文化内涵，我们向师生征集格言，学习大海的品格，培养学校师生良好的精神品质。师生们要深度挖掘，如海一样对万物宽容，孜孜不倦地学习知识，对待生活要如潮起潮落般充满激情等。

五是加强"海滨雏鹰"队文化建设。少先队提出"海滨雏鹰振翅欲飞，少年先锋时刻准备"的口号，开辟雏鹰园、海滨先锋、竞赛台、红领巾成长小屋、海风电视台、雏鹰开心农场等阵地，努力打造海洋特色文化。各班级中队开展特色中队建设活动，他们通过了解海洋生物、确立中队形象、挖掘形象内涵、确定中队名称等过程，完成特色中队建设。例如，"小海星"中队的口号是"顽强自立，不断进取"；"小海豚"中队的口号是"智慧勇敢"。

六是开展丰富的"热爱海洋"系列活动。实践活动是学生成长的有效平台。我们开展一系列的海洋特色活动，如"保护海洋紧急行动"，由各中队、兴趣小组及文学社等学校小团体组织安排了海边考察、图文宣传、主题演讲、文娱表演等专题活动；再如"海洋奉献小组"秉承海洋无私的奉献精神，开展各种帮扶爱心活动。

学校文化建设呈现三级细化实施进程：学校海洋文化定位—海语校本课程实施—海味校园环境建设。在海洋文化品牌打造过程中，我们快速提高了学校师资力量，提升了学生综合实践能力，发展了较为明确的文化特征和文化核心内容。作为学校文化建设的启动之年，高效的行动力推进着学校文化的快速形成，但也使学校文化建设囿于思考的碎片化、实践的浅层化。我们在前行中需要反思，在反思中寻找前行的方向，在倍速发展中寻求稳健的建设步伐。

（此文写于 2011 年 2 月。）

从文字符号到成长助剂

　　学校文化是以学生为主体，以校园为主要空间，以育人为主要导向，以精神文化、环境文化、行为文化和制度文化建设等为主要内容，以学校精神为主要特征的群体文化。健康、向上、丰富的学校文化对学生品性的形成具有渗透性，对于提高学生的人文道德素养，拓宽学生的视野，培养优秀人才具有深远意义，这种影响往往是课程所无法比拟的。

　　鉴于学校文化所具有的重要作用，在学校文化建设初始，我们以滨海地域特色为学校文化定位，这是学校文化建设的第一步。为让学校海洋文化更加显性化，更有传播力，学校文化建设需要迈出第二步，即开发学校特有的文化符号。

　　学校特有的文化符号包括理念文化系统、形象识别系统、物化环境系统、规章制度系统。例如，2010年学校着眼于文化符号建设，结合学校滨海地域特色与原有学校文化积淀，设计了"扬帆远航，迎风搏浪"校训、校风等理念文化系统，设计了"海燕翔翔"校园吉祥物等形象识别系统，打造了"海之语"海洋科普文化长廊、"海之魅"渔镇风情长廊等海洋教育文化环境，完善了师生发展系列规章制度。一系列校园文化建设的推进，使校园海洋文化气息浓郁。

　　然而，在建设的初级阶段，这些外显而集中的文化信息均以文字、符号为表现形式。要让符号承载的文化内涵化作育人的力量，我们需要具有文化育人的意识。于是，我开始思考如何让这些文字符号真正成为全校师生的成长助剂，从而提升师生品质，发展师生能力，促进学校发展。实践出真知。要让写于纸面的精神深入人心，实践活动是最好的平台，因此，我把文化符号开发与教育实践活动紧密联结起来，在文化符号开发过程中展开相应的教育实践活动，从而真正发挥学校文化育人功能。

童心童趣树榜样

小学生的学习活动需要以趣激学，从而提高其参与主动性。我与德育组一起策划开展了吉祥物设计系列活动：一是设计吉祥物及确定吉祥物名称；二是绘制吉祥物图案；三是给吉祥物赋予品性。在海选中，学生设计的吉祥物"海燕翔翔"脱颖而出，拟人化的五种造型展示了德、智、体、美、劳五方面的风采，伴随学生学习的方方面面，活跃在校园的每个角落。操场上，"海燕翔翔"以矫健的身姿作示范，好像在说："我运动，我参与，我健康，我快乐"；走廊上，"海燕翔翔"以文雅的姿态提醒大家"轻声细语过走廊"；教室里，"海燕翔翔"捧着书提醒大家"博学笃志，切问近思"；食堂内，"海燕翔翔"温馨提示大家"谁知盘中餐，粒粒皆辛苦"……这一切都让它成为学生会说话的学友，行动中的伙伴，精神上的榜样。

同时，我们赋予莼湖镇校的每个学生一个响亮的名字——"小海星"。海星再生能力强，顽强耐挫；海星外形美观，惹人喜爱。"小海星"意为"海洋之星"。学校组织的各项竞赛活动均设立"小海星"奖，要求人人争当小海星。学校少先队总部制作具有学校文化特色的"小海星"四好少年争章手册，开展"四好少年"争章活动。例如，通过"海洋知识章""海洋保护章""海洋科技章"等争章活动评选出"小海星"奖，激励队员努力学习，奋勇拼搏。

主题教育育品性

学校海洋文化的打造挖掘了海洋特有的内涵。2010年4月，学校发动全体师生书写"海之语"海性品质优秀格言，培育学生良好的海性品质。如：

海之语——宽容：忍一时风平浪静，退一步海阔天空。以大海的胸怀包容他人，我们的每一天都会很精彩！

海之语——浩瀚：海的渊博、浩大就如人生知识、经验无涯，不断地学习是取得胜利的法宝。

海之语——凝聚：浩瀚的大海离不开每一朵浪花，和谐的校园离不开每一位师生。

海之语——真诚：真诚犹如海水，它宁静、淡泊、美丽。它不是智慧，但是它常常能让我们放射出比智慧更诱人的光辉。

海之语——善纳：海纳百川，有容乃大。我们如大海一般悦纳一切，就会多一份挚爱，多一份温暖，多一份和谐，多一份幸福！

海之语——奉献：浪花一朵，投身大海不会消逝；讲台三尺，全心付出方显魅力。

海之语——进取：我们永不满足，不断地用知识充实自己，用理想鞭策自己，如同海洋只有无尽地流动，才会具有生命的气息。

海之语——谦逊：如果我们能虚怀若谷，纳"高"而就"低"，就能成大海之伟业，像大海一样被人们所崇敬和向往。

为让这些海性品质从说教到养成，我们努力与主题活动相结合，在主题活动中育品性。三月份读书月，我们确定教育主题为"善纳、浩瀚"。在国旗下讲话中，在读书节启动仪式上，我们要求学生向大海学习，如大海一般悦纳一切，如大海一般渊博浩大，以"海纳百川，有容乃大"为主题词投入读书活动中。十月份体育节，我们确定教育主题为"凝聚、进取"，在田径运动会中，除竞技名次外还设立团结奖、进取奖。我们还决定在传统的校园四节中融入更多主题教育，使品质与能力共发展。

课内课外悟精神

学校在原有基础上确立了与海洋文化相融的学校理念文化。

核心理念：激励　展示　分享

学校精神：博学专能　吐故纳新

座右铭：海纳百川　有容乃大

校　　训：扬帆远航　迎风搏浪

校　　风：好学善纳　知行合一

教　　风：德业齐修　乐教善诱

学　　风：博学笃志　切问近思

发展愿景：成为具有海洋文化特色的现代化农村学校

这些学校精神如何深入师生心里，如何落实行动，如何树立标杆，如何指导行为呢？我们要求教师在读懂并向学生诠释的基础上，联系教育工作的实际情况，抓住时机开展教育活动，并付诸实践。一位教师在语文研讨课中设计了"读文质疑"环节，随着课堂教育的展开，他面对不敢举手提问的学生会结合"学风"进行鼓励。"同学们，黑板上方的学风是'博学笃志，切问近思'，就是要求同学们敢于提问，小疑则小进，大疑则大进，会提问才会思考，请同学们大胆地提出不懂的问题吧。"这段随机生成的教学片段取得了良好的激励效果，教师做到语文课上不仅教知识，更时时育人。同样，另一位教师在语文课中与学生交流课外收集的有关《论语》的名句时，他指出，教室黑板上方的学风就出自《论语·子张》："博学而笃志，切问而近思，仁在其中矣。"这样的教育体现在时时处处，无痕而入心。

特色活动促发展

学校提出"做海滨雏鹰，当四好少年"的成长目标，号召学生成长为新时代的滨海人才。为培育学生的实践能力，学校组织开展了一系列特色活动。

我们建立了富有海洋气息的社团组织，如"墨鱼书法社""海雾科技社""小海鸥舞蹈队""海浪腰鼓队""箭鱼体训队"等。对于这些社团的命名，我们不是简单地赋予其一个海洋生物名字，而是挖掘其内涵，关键是做到行如其名。例如，"海雾科技社"的组员们就要有在迷雾中探索科学真理的意志与本领，加上求知若渴的好学精神；"海洋标本制作小组"组员们探究学习标本制作技能，并把制作成果陈列于海洋生物标本室中；"墨鱼书法社"的组员们挥笔弄墨，笔墨留痕，刻苦学习书法技艺；"海风小主持"的组员们主要学习主持、朗诵、小导游技能，并承担学校"海之语"海洋文化科普长廊的讲解任务，主持校"海风"红领巾电视台节目。学校通过大量的活动实践，真正提高学生的滨海生活技能。

学校还根据队员的年龄特点，选择了实践活动的四大基地，并开发相应的活动内容(见表 2-1)。

表 2-1　实践活动基地简介

基地名称	基地简介	活动
"渔村风情"桐照码头	捕鱼季节，桐照码头渔船林立，渔港内卸货入库一片繁忙；休渔季节人们悠闲自在，渔妇们补网晒小海鲜。那里保存着独特的饮食文化和风俗习惯，有醉鱼、糟鱼、咸鱼、鲜鱼可食，有米豆腐、灰汁团可尝，大家可以吃海鲜、学渔歌，尽情享受渔家乐。	游览品食宣传

基地名称	基地简介	活动
"围海造堤"红胜海塘	红胜海塘地处象山港畔西北部、莼湖镇南侧，东接栖凤村，西连塘头村，总面积为 1.6 万亩。4600 米的长堤圆了世纪遗梦，一个宜居、宜寿、宜业的象山港畔生态型综合经济区如朝阳蓬勃兴起，形成特殊的景观，带给我们无限的憧憬。	参观摄影写作
"季野梅先"名人遗迹	万斯同，清初著名史学家，字季野，以修史自任，十九年手订五百卷，参与编撰了《明史稿》《二十四史》。卒于北京，葬于莼湖峁村。 1938 年，爱国人士竺梅先与夫人徐锦华集资 5 万元，在莼湖创办国际灾童教养院，接收孤儿 600 余人，办院 6 年，捐资 25 万元。1990 年，海峡两岸部分原国际灾童教养院学员集资在教养院旧址建梅华亭，纪念竺梅先夫妇功绩。	瞻仰学习演讲
"巨轮远航"浙江造船有限公司	浙江造船有限公司(原浙江船厂)成立于 1969 年，是宁波市重点骨干企业，占地面积 136.4 万平方米，岸线 2500 米，拥有 8 万吨、5 万吨、5 千吨船台各一座，1 万吨船 2 座。有 500 吨门吊一座，吊机 220 余台，其他各类设备 7000 余台，是能够修建各类 10 万吨以下船舶以及多种船用、陆用机电设备及大型钢结构件的综合公司。	参观采访报道

在此基础上，学校组织开展"小海星"亲近海洋系列活动。

"知海"系列活动之"书中知大海"：学习《海语课程学习指南》第一至第四册，从书中了解海洋容颜、滨海民俗、海洋资源、人与海洋。举行"亲近大海"主题队会，开展"我爱祖国的大海""我爱象山港"等主题队会，使学生胸怀祖国，情系家乡。

"知海"系列活动之"登船游大海"：组织春秋两季登船游大海活动，让学生去认识海，在大海的怀抱中感受一望无际又形态万千的大海，了解大海的容颜，感受大海无穷的魅力，感悟大海的品质。

"爱海"系列活动之"听长辈讲海"：听爷爷奶奶讲大海的传说故事，以及祖辈在大海中谋生的真实故事；听流传下来的渔镇民俗民风，组织故事会活动。

"爱海"系列活动之"游渔镇踪迹"：组织队员读莼湖镇历代名人故事，

游"梅先爱迹""季野遗风"等菇湖十景，感受岁月留痕。

"爱海"系列活动之"微博诉真情"：引导低年级队员写有关海的故事，重在把所见所闻文字化。引导高年级队员写微博，重所感，把感受到的大海魅力高度提炼，写一写"海之语"。

"护海"系列活动之"小海星护海行"：在"世界海洋日"等与海洋有关的节日里，走上菇湖街道，走上渔港渔船，宣传护海知识，清理海涂。

"护海"系列活动之"标本制作赛"：组织干制、浸制海洋标本制作大赛，调查了解象山港海洋生物，逐步建好"海之灵"海洋标本室。

"护海"系列活动之"航模制作赛"：了解渔船的发展历史，制作简易的船模，逐步建好"海之魂"海洋体验室。

"用海"系列活动之"渔港新气象"摄影赛：组织队员走上渔港码头，用相机拍摄感受到的渔港新科技，如网箱养殖、拖网技术、渔村休闲游等。

"用海"系列活动之"假日落小海"劳作赛：组织队员开展"落小海"比赛，大家划泥船、捡螺蛳等，感受渔民劳作的辛苦。

"用海"系列活动之"小海星慧眼"论文赛：高年级队员开展科学小论文研究活动，针对海塘围堤后发生的生物、环境等变化开展小课题研究，并为渔镇建设向镇政府"献一计"。

"梦海"系列活动之"经典诵大海"：学习海语校本教材第五至第十二册，学习文学名家的海洋文学作品，阅读"暗香浮动的菇湖"大赛获奖作品，进一步感受海洋的魅力。

"梦海"系列活动之"童谣创编赛"：组织创编新时期热爱海洋的童谣，并与传统游戏相结合，创编校园游戏。

"梦海"系列活动之"彩笔绘蓝图"：组织举行"情系渔镇 梦系蓝海"绘画赛。

学校以文化符号为标志，通过实践活动让学生在文化符号引领下成长。一个符号是一种风尚，一个校园节日是一种文化现象，一个图形标志是一种精神象征……文化符号承载价值引领，通过实践活动，学生获得海洋方面的知识与能力，得到学习品质的锤炼和实践能力的锻炼。

两年的学校文化建设实践，使我深深感悟到学校的文化符号更是精神符号，只有实践，才能让文化符号成为师生的成长助剂！

（此文写于 2013 年 5 月。）

教育·为成长提供支持

营造精神家园

学校以文化育人，学校的文化品质决定了学校的发展。但是如何恰当地进行文化选择以推动学校教育发展，成为学校文化建设过程中无法回避的问题。那么，学校应当追求什么样的学校文化？在众多的文化因素中，如何形成学校文化核心来促进学校发展？从 2009 年至 2012 年初，莼湖镇校历经三年的学校文化建设，取得一定的建设成果。然而，在后续发展中却感受到碎片化行动更明显，平铺似建设难以深度推进，我开始基于地域特征对学校文化建设的反思性构建作路径探寻。

依托地域特征的学校文化反思

回顾三年发展历程，学校从"国家蓝海战略"明确育人指向，从"中国第一渔村"明确品牌指向，从"滨海文化积淀"明确资源指向，依托滨海地域的海洋文化资源来构建学校文化。

2009 年起，莼湖镇校挖掘海洋文化资源，建设海洋文化主题校园文化环境。其中，"海之语"海洋文化科普廊重点展示海洋容颜、人与海洋、滨海民俗等内容；校园大道两旁的"海之语"海性品质展示栏展示从大海特征中提炼的品质格言。学校还先后建设了"海之魅"渔镇风情长廊、"海之声"莼湖地名古诗长廊、"海之灵"海洋标本室、"海燕翔翔"运动励志墙，设计了"海之乐"课间专题音乐展。我带领全体教师努力把传统意义上的学园、花园、乐园式学校建设成学生喜欢的"海洋文化公园"。

在建设海洋文化校园环境的同时，我和骨干教师一起编写《海语课程学习指南》校本教材，开设海语校本课程，举办"校园四节"活动，开发实践基地。经过两年的实践，学校探索出了"两点一线"的海洋文化教育之路，即以"海洋节日"主题活动为重点，以"海洋文化"假日活动为长线，以校园"海洋文化节"为亮点，开展了"知海、爱海、护海、用海、梦海"系列活动。

随后，我们从以地域文化为特征的校园文化建设中提炼内涵，打造"启航教育"，其核心理念为"启智明德，引航未来"。以启迪、激励、分享的方式促进学生良好学习生活品质和能力的养成，促进学生全面、充分、和谐、可持续发展，为人生奠基。努力实施四个策略，推进学校文化建设："互助启研"为专业成长引航；"支援启学"为自主学习引航；"环境启情"为文化育人引航；"实践启能"为个性发展引航。

以上历程反映出莼湖镇校文化建设经历了三个阶段，一是重视环境文化的建设，二是重视活动文化的建设，三是转向学校教育内涵的确立。这一过程看似实现了学校本土文化的构建，但从实质看，莼湖镇校的文化形式呈现与其他滨海学校雷同的泛文化特点。从提炼的"启航教育"理念看，学校更多关注的是方法与策略。分析环境、活动、理念等因素之间的关系发现，三者的唯一关联就是同属海洋文化资源的范畴，而未真正形成学校文化的精神内核。师生认同学校海洋文化特色，却难以形成学校精神的聚焦与认同。这样的文化建设思路，更多的是对海洋文化资源的铺陈式应用，只是增量，而不是提质。因此学校文化建设陷入难以推进的困境。

学校文化构建的思维转型

学校所处地域的文化背景和生态环境为学校文化构建提供了丰富的文化资源与历史素材，而这些资源只有被诠释、吸收和提炼才能形成核心文化内涵；只有与学校教育紧密结合才能创生具有自身特点和真正推进教育发展的学校文化。我在实践困境的反思中意识到学校文化建设必须经历思维转型。

转型之一：从特色活动育人转向学校文化育人。由于对学校文化的理解各异，学校文化建设也呈现了多种形式。作为学校文化建设的重点，莼湖镇校与相当部分的学校一样，把海洋实践教育打造成小围棋、小足球一类的特色教育项目，学生通过海洋科普活动了解海洋生物知识，通过海洋实践活动增长海滨生存技能。其实，这些特色活动在技能与品质的培育上，更侧重于让学生对这个活动项目产生兴趣，形成一技之长，是一种特长教育，无法全面承载文化育人的功能。学校文化育人更注重对师生精神品质的塑造，以特色活动为载体，在实践活动中培育学生精神品质。特色育人是学校文化建设的一部分，但就最终目的而言，师生在实践活动中所追求的精神品质才是学校的文化内涵，如学校倡导的"博大、宽容、善纳"等品质才是文化育人的内生力。

转型之二：从同质化转向特质化。从地域特征来看，同处海滨大同小异，学校文化不可避免地在某种程度上呈现一种泛文化状态，造成海滨学校同质化现象。如何从同质化表现转向特质化表现？学校的文化特质表现在哪里呢？我们关注泛义的海洋，却忽视了对滨海与海洋的清晰区分，忽视了真正属于自身的当地文化资源。从儿童视角看，儿童的认知特点是"就近"原则，他们观察认识世界是从身边开始的。他们还不能关注到祖国的大海、世界的大海，只能认识到桐照的海、莼湖的海。依照这一思维特点去思考，我发现，莼湖镇校所处的地域用浓重的乡土方言来表述为"海沿头"，文化特征呈现的是典型的滨海文化，而不是海洋文化。以此为思考原点，莼湖镇校的学校文化构建可以发掘出许多特质文化资源。

转型之三：从碎片思维转向系统思维。由于教育的全域性特征，依托地域特征的学校文化往往把这一与地域相关的文化资源应用于理念文化、环境文化、活动文化与制度文化的构建中，而这些文化资源在吸纳过程中表现出不同的文化内涵。例如，莼湖镇校提炼的"海之语"从不同角度赞美大海的"博大、宽容、善纳、浩瀚、凝聚、进取"，涵盖了许多美好的品质。学校文化建设虽有海洋文化的特点，却未能聚焦为一种精神特质，造成学校文化构建的泛化与碎片化现象。文化认同实质是一种精神塑造。只有提炼其中的核心精神，才能对全校师生形成精神影响。只有在一致认同的精神力量引领下构建学校文化，才能形成强大的统整力、向心力。学校核心价值观是文化生活的核心要素，决定学校的精神特质，塑造师生的行为品质。学校核心价值观引领下的学校文化构建能形成一个强大的精神气场，使师生浸润其中，形成学校精神。

学校核心价值观引领下的学校文化重构

2012 年 9 月起，我以学校核心价值观为引领，重新探索学校文化建设路径，系统构建学校文化。

首先要确立学校核心价值观。

学校核心价值观的雏形应该是校长的办学价值观。只有当校长将那些朴素的、零碎的办学主张发展成一种理性的哲学见解时，即形成一种理性的、反映学校管理活动主客体本质关系的观念，并使这些观念构成一个比较成熟的、相对完整的体系时，办学价值观才得以确定。我从办学价值观的独特性、哲理性、经验性三个基本特征去思考，传承莼湖镇校百年办学的丰厚文化积淀，结合近三年的学校文化建设实践，逐渐构建了学校核心价值观。

一是从地域文化中提炼学校核心价值观。莼湖这一方滨海地域文化积淀深厚。清初史学家万斯同不慕荣利，见人唯以读书励名节相切磋。中国无产阶级革命家吴亮平学习作风严谨诚朴……他们都具有好学悦纳的品质，正如大海"海纳百川"的情怀。他们能战胜人生中所面临的困难，获得成功。这正是学校师生应该具有的可贵品质。

二是从学校文化积淀中提炼学校核心价值观。三年来，学校文化建设逐渐实现从关注环境到关注人的转向。先是关注环境建设，营造具有浓郁海洋文化气息的校园环境，让学校成为"海洋文化公园"。然后逐渐转向对师生发展的关注，从"海韵"学社教师学术团体的组建，到海洋文化教育实践活动的组织，再到学习方式的变革，这一切的目标是促进师生的共同发展，实现每个人的成长进步。这也正是学校育人的重要指向。

在以上实践思考中，学校核心价值观逐渐清晰：让师生成为向学的生命体，不断完善自我，实现自我价值。简而言之就是"悦纳至善"。"悦纳至善"就是愉悦地接纳自己，接受他人和事物，从而完善自我。这是应有的智慧处世之道，是生命成长的自然历程。对于学校师生而言，就是悦纳一切好的事物，成为向学的生命体。悦纳，成为向学的生命体，这是一种自我存在的价值认同：不断完善自我，实现自我价值。敢于挑战困难，乐于追求成功，做最好的自己，如海纳百川，"悦纳至善"是我们莼湖镇校师生共同的精神所求。悦纳，成为向学的生命体，这是一种开放包容的处世心性：正视自己，悦纳他人，敞开心怀，敢于走向未知的世界，乐于接受新事物，善于开创新天地，让多元文化滋养生命。悦纳，成为向学的生命体，这是一种学无止境的生命意识：生活处处有学问；三人行必有我师；活到老学到老……在不断学习中，享受成长的快乐，享受生命的精彩！

三是探寻学校核心价值观引领的学校文化建设路径。学校能不能生存、发展、走向成功，很大程度上取决于学校及学校成员有没有认同、内化学校核心价值观。因此，在学校文化建设中，作为校长，必须通过一定的传播方式，使学校成员接受、认同乃至内化学校核心价值观，这样全体师生就能把共享的价值追求化为有意义的行动，在实现学校核心价值观的同时完善自我。

我认为，首先，可以通过宣扬、实践、熏陶等方式让全体学校成员明晰学校核心价值观。其次，以学校核心价值观为学校精神内核，引领各项有意义的文化建设，包括完善符号象征、仪式与活动，树立榜样人物、优化校园环境，从而形成学校传统，使师生在有意义的行动中得到学校核心价值观的自我建构，并完善自我建构，如图 2-1。

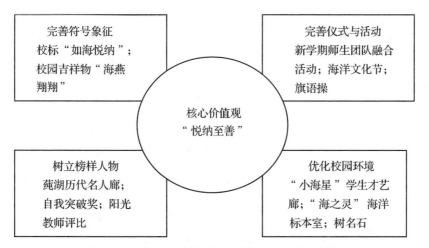

图 2-1　学校核心价值观引领下的文化建设框架图

学校核心价值观引领下的文化再实践

一是符号的完善。文化符号是一个企业、一个地区、一个民族或一个国家独特文化的抽象体现，是文化内涵的重要载体和形式。学校的核心价值观也需要以文化符号的方式存在，这样才能让全体师生接受，时时处处影响师生成长，并作为学校的文化特质被外界所认识。我在分析莼湖镇校的办学历程与发展现状后，提出"悦纳至善"的学校核心价值观，倡导全体成员"做最好的自己"，教师"悦教悦学，纳人纳己"，学生"敢于挑战困难，乐于追求成功"。这一理念通过校标、海之语、学校吉祥物进行传播。

学校标识在原先简单的"H"字母基础上变为"如海悦纳"的标识。新标识的设计元素取自"莼湖"二字拼音的第一个字母"C、H"。这两个字母通过颜色、形状的变化形成"海浪""海燕""船帆"等海洋文化元素。蓝色的一笔"C"为"海浪",代表了莼湖镇校师生向大海学习"海纳百川,有容乃大"的品性追求,如海悦纳、如潮进取。绿白相间的是变形的"H","H"形似一只迎着风浪低飞的"海燕",代表了师生"敢于挑战困难,勇于追求成功"的面貌和风采。"C"和"H"融合成一个整体,意为海燕接受大海的挑战,在风浪中成长,寄寓师生悦纳进取,完善自我的信念。

二是传统的建构。世界各地、各民族都举办各种庆祝活动,通过这些活动,传统文化习俗得以保留和继承。正如苏联现代教育家马卡连柯所提醒我们的那样:"集体需要依靠传统来巩固,一所学校如果没有传统,当然算不上是好学校。学校的活动使全体师生在参与过程中形成对学校核心价值观的认同,随着活动的周而复始,传统的活动使学校核心价值观实现巩固与积淀。"在"悦纳至善"核心价值观引领下,我与班子成员系统架构顶层设计,建立起相对固定的学校文化传统。新学期来临,学校举行新教师团队悦纳融合活动;体育节中,设立自我突破奖,使成绩虽不出色但实现自我突破的学生也能站上领奖台;"蓝海探秘"科技节、"我的一本课外书"读书节荐书演讲、"七彩海洋欢乐童年"游园争章活动等都彰显了"悦纳至善"的学校核心价值观。

2013 年 8 月 29 日上午,莼湖镇校举行"2013 学年新教师团队融合活动"。"各位老师早上好,我是林××,您现在收看的是早安莼湖新闻节目";"大家好,接下来我要给大家介绍的是我新出炉的手工艺品";"我是一位心理学专家,如果出现以下情况,我断定你是此类性格的人"……12 位新调入的教师通过自我介绍结合才艺展示,展现了个人魅力。在才艺展示中,他们以演唱、朗诵、手工、脱口秀、舞蹈等方式各展其能,新上任的副校长也表演了一段手语舞《冰凌花》。台上的"新人们"载歌载舞,台下的"前辈们"掌声连连,新老教师互动热烈,气氛和谐,正是"悦纳融合"的生动体现。本次活动就是"悦纳"学校核心价值观在教师层面的显性呈现,展现了教师团队融合、接纳的新风貌。活动旨在让新教师们能更快融入学校团队,让其他教师也能在第一时间认识和接纳他们,从而使学校在开学初就呈现出团队协作精神。一位老教师感慨:"以前每学期调入好多年轻教师,我都要花好长时间才能认识他们。这学期他们一亮相,我就都认识他们了。"学校中层干部也欣喜地发现,只有快速了解这些教师,才可以量才录用。在各年级的新生报到活动中,各班也用类似的方式举行了"我们欢迎你"等悦纳新生活动。

三是榜样的塑造。榜样人物保存了组织的基本价值观，代表着组织的精神与形象，隐约中设定了组织成员应当达到的标准，并通过在组织内传播责任感，鼓舞、激励组织成员见贤思齐。学校文化建设也是如此。如何让教师明白学校提倡什么、追求什么、朝什么方向发展，学校塑造的各类榜样人物就是最好的答案。莼湖镇校设立了莼湖名人廊，展示勤奋好学、成就突出的历代乡土名士事迹，有著名史学家万斯同、中国工程院院士沈昌祥等，激励师生好学善纳；开展"阳光教师"评比活动，树立名优教师榜样；通过"小海星"才艺廊展示优秀学生作品；通过设立"自我突破奖"使师生以新的自我为榜样，有效推进师生悦纳自我、实现自我。

2013年11月中旬，莼湖镇校第八届体育节顺利举行。此次体育节一改传统体育竞技模式，分设田径赛事、趣味运动、后勤宣传等不同项目，奖项设置除名次奖外，还设立"自我突破奖""奋力拼搏奖""优秀助威团""服务先锋队"等奖项，让更多"有运动梦想、少运动天赋"的学生参与到竞技比拼、后勤服务中，彰显"悦纳自我，做最好的自己"运动口号。"自我突破奖"的设立致力于培养师生内涵品质，激发师生发挥自我潜能，挑战自我，从而接受自我。通过体育节的三天比拼，大家一展"悦纳自我"精神风貌，每个学生都为运动会奉献绵薄之力。学校还举行隆重的颁奖仪式，让获奖学生登上领奖台，表现自我，悦纳自我。

四是环境的契合。学校内所有物化环境的背后，都蕴含着特定的价值观念和办学理想。因此，校园的物化环境是学校文化建设的重要板块。虽然学校前期已有大量的文化环境营造，如"海之语"海洋文化科普长廊等，近期的环境建设只是少量的增补，但透过环境所要传递的文化元素却不相同。原先学校的文化环境以"立体教科书"的方式呈现，更多地传递出"请学习这些海洋知识"的传授理念，如今学校核心价值观引领的环境建设传递出"生活处处有学问，我们要主动学习"的"悦纳至善"理念。

学校报告厅前有一棵古树，树身不生表皮，筋脉挺露，莹滑光洁。夏天开紫色花串，秋天结果，冬天落叶，在校园众多的茶梅、月桂中显出独有的典雅之美。然而，当初我刚到这所学校时，曾请教过好多位老教师，关于这棵树的树名却鲜有人知晓，更不用说学生了。透过这个事例，可以想到在师生的潜意识中，知识就是你让我学我就学，自主探究的主动性很小；与教学有关的知识要学，与学校海洋文化特色有关的知识要学，其他生活知识却视而不见。这与学校倡导的"悦纳至善"的理念不契合。2013年3月，在万物复苏的春季，我同德育处一起策划、组织开展了"我与树木交朋友"活动，号召学生认识校园内的树木，给校园内的各种树木写介绍书。于是，那棵树有了清楚明白的"自我介绍"：紫薇，别名"痒痒树"，落叶乔木，是千屈菜科紫薇属的落叶小乔木或灌木植物，原产于中国。花期由6月至9月。蒴果近球形，种子有翅。学校把介绍书刻在了紫薇树前的石块上，大家叫它树名石。其他的树也有了自己的"身份证"，师生把校园内含笑、银杏、樱花等树名石当作特殊的书页阅读。这样的环境看似与海洋文化无关，但与"悦纳至善"的学校核心价值观完全契合。

基于学校核心价值观的学校文化构建，所创设的环境的、人物的、活动的和符号的外化载体，归根结底都指向"营造教师和学生共同的精神家园"目标，从而真正实现教师与学生结伴成长，使学校有了真正的文化内涵、学校精神。在学校精神的引领下，全体师生在持之以恒的"活动—习惯—传统"中认识、认同、内化、根植学校精神，都表现出共同的思维方式、一致的行动追求，与其他学校师生的精神风貌相区别。这也就真正建构起了有品质的学校文化，真正实现了文化育人的功效。

（此文于2014年6月入编《我们的管理视野》一书，收入本书时略有修改。）

大海的印记

从 2009 年 2 月至 2015 年 7 月，我任莼湖镇校校长共 6 年半的时间。这 6 年半时光里，学校打造海洋文化"悦纳教育"，通过一步步实践探索，学校文化一步步清晰而深刻起来。我也从在城区学习、工作的"城里人"，蜕变为海味十足的"滨海人"。与我一起蜕变的还有学生、教师、学校，我们在"悦纳至善"的校训引领下，沉淀"悦纳如海，勇进如潮"的品质，这是学校文化的浸润，滋养着莼湖镇校的每一位师生。

6 年半时间，我们师生集体将莼湖镇校建设成海洋文化公园式校园，海洋标本室被授予"全国少先队活动实践基地"称号；中国少年先锋队工作学会名誉副会长张先翱教授题词赞誉学校是"育人之海"。以下撷取两名学生心中的"大海的印记"。

大海啊，故乡

"小时候，妈妈对我讲，大海就是我故乡。海边出生，海里成长。大海啊大海，是我生长的地方。海风吹，海浪涌，随我漂流四方。大海啊大海，就像妈妈一样，走遍天涯海角，总在我的身旁。"我叫小沈，家住享有"中国第一渔村"美称的浙江省奉化市莼湖镇桐照村，这个村可了不起了，地处象山港畔，拥有国家一级渔港，全村有水产养殖面积 7500 亩，各类渔船 500 余艘。渔业经济规模比重大，其中海洋渔业经济收入近 10 亿元，这里 95% 以上的劳动力从事渔业生产。

我有一个温馨的家庭，作为滨海人，爸爸长期在海上捕鱼，很少回家，妈妈在家悉心照顾我。爸爸在我的印象中是能干的，他不仅是个捕鱼高手，还是个修船专家，一般渔民修补的都是渔船的外壳，我爸爸却是深入机舱，专门修理发动机，发动机可是船的心脏啊，我为有这样能干的爸爸而感到骄傲。

生活在海边，也许是听祖辈们讲海难的事太多的缘故，面对大海，我总是有一份害怕、敬畏，尤其是每年渔季，爸爸就出海捕鱼，难得见到他的身影。每次送爸爸出海，我内心就无比复杂。因为大海给我的印象是浩大渺茫，危险可怕。爸爸长期在海上工作，他的安全就成了我和妈妈每天担忧的事情。同时，我也因为少了父亲的关怀，常常心情低落，泪湿枕巾。虽然爸爸每次归来，总给我讲大海上的见闻，但我对大海还是经常心存讨厌和恐惧。

这样的印象一直伴随着我长大，直到 2011 年，我对大海的印象改变了。我在浙江省奉化市莼湖镇中心小学读六年级。学校从 2009 年开始创建海洋特色校园文化，海洋文化哺育着我成长，我也见证了它的发展。渐渐地，我感觉大海有它可爱的一面，有着温暖而宽广的怀抱，原先对于大海的恐惧也随着丰富多彩的海洋文化活动而烟消云散。从 2009 年 9 月首次提出海洋文化以来，学校已经相继建立了十多个海洋文化阵地。信步校园，大道两旁、教室、办公室门口都树立着"海语"格言，我开始真正认识到了大海博大、激情、宽容、奉献的精神。近百米长的"海之语"海洋文化科普长廊，连通三幢教学楼，从"海洋容颜"到"海洋资源"，从"滨海民俗"到"人与海洋"，都向我们诠释着大海的魅力；"海之魅"渔镇风情长廊更是展示了滨海民俗，一张张生动的照片展示了编织渔网、出海捕鱼、满载而归、休渔收网等渔家风情，我们参观浏览时一睹渔民劳动盛况，心里升腾起浓浓的敬意，同时也为自己是渔镇的一分子而感到骄傲和自豪；"小海星"才艺廊贯穿综合楼西边四层楼，这里是我们展示才艺的平台，书画、摄影、习作等作品一一挂在每层楼梯旁。在这里，每一个学生都是小小艺术家。科学味十足的"海之灵"海洋标本室也开始动工建设了，据说竣工后里面会摆上形形色色的海洋生物标本，我们可以在这里感受大海、体验大海、了解大海，我内心也像大海的波涛一样澎湃激动。

最近校园吉祥物"海燕翔翔"首次公开亮相，为学校的海洋文化建设又增添了浓重的一笔。操场上，海燕翔翔以矫健的身姿为我们作示范，我们一起高喊"我运动，我参与，我健康，我快乐"的体育精神；走廊上，海燕翔翔以文雅的姿态提醒我们"轻声细语过走廊"；教室里，海燕翔翔捧着书提醒我们"博学笃志，切问近思"；食堂内，海燕翔翔温馨提示"谁知盘中餐，粒粒皆辛苦"……它已经成了我们的好朋友，我们以它为榜样，学习并快乐着。同时，学校也赋予我们每一名少先队员一个响亮的名字——"小海星"。"小海星"们在少先队的组织下常常开展各类活动，如"经典诵大海""童谣创编赛""彩笔绘蓝图"等校内丰富活动，常有宁波电视台、奉化电视台的叔叔阿姨前来录制节目。身为小记者的我也常常在洪老师的带领下外出采撷海洋文化，乘渔船，走街巷，赏莼湖十景，访浙江造船有限公司，游海洋公园，我们拍下照片，记录渔村风情。我也开始尝试着做落小海、划泥船、捡螺蛳、清理海涂等渔活。可以说，丰富多彩的校园活动给我的学习生活带来一股新鲜的动力，让我乐在其中。

众多活动中印象最深刻的要数那次开渔节给爸爸送祝福的活动了。虽然现在我对大海的感觉已经从恐惧变成了亲切，但是爸爸身在海上，他的安全却一直是我的一块心病。借学校组织的这次"祝平安，盼丰收"开渔节送祝福活动，我特地用贝壳精心拼贴成一条鲨鱼，在上面写上了我的祝福："亲爱的爸爸，您是踏浪的勇士，我祝您能够快快乐乐出海，平平安安回家，我和妈妈在家里等着您胜利归来。"我把鲨鱼贴在展示牌上，有一位《宁波晚报》的张叔叔对我进行了采访，他问我有什么亲人出海了，记得当时我很自豪地说："我爸爸！"是啊，在我眼里，爸爸就是一名蓝海勇士。"扬帆远航，迎风搏浪"，我就觉得我们学校的这八个字用在爸爸身上再合适不过了，长大后我一定要像爸爸一样，在广阔的大海扬帆远航。

今年4月29日，学校又举行了"我爱蓝海"首届校园海洋文化节启动仪式。我仔细看了活动海报，发现五月份整整一个月的时间活动真丰富，有亲子织渔网比赛、海鲜烹饪大赛、滨海少年"等"先锋比赛、"蓝海探秘"知识竞赛、"大海的歌"合唱比赛等活动，我欣喜万分，报名参加了海鲜烹饪大赛。比赛当天，我身穿厨装，和我班的另外两名同学组成了"铁三角"，我们做的菜名叫"红色龙虾心向党"，说起这名字，可是寓意不浅，这是为了庆祝建党90周年而特地设计的。比赛现场，我和两个搭档分工明确，他们负责切和雕，而自小常跟妈妈学厨的我自然肩负起烹煮重任，我先把龙虾放在平底锅上用油炒，然后加入调好的酱汁。一开始由于电磁炉火力太猛，我差一点失手煮焦，后来在班主任洪老师的指导下，我调整了火力，不温不火，这十几只龙虾一下子都听话了，任我"差遣"。几分钟过后,我的龙虾煮熟上盆,为了点缀红色,我特地在"万红丛"中放了葱,红里透绿,色泽明亮。这时旁边的两个搭档也已经在西瓜上刻出了一个红心,将其放入盆中,"红色龙虾心向党"由此而生,身为主厨的我手捧成果在相机前合影留念,一种成功的喜悦油然升起。经过食堂两位厨师的综合评估,最终我们班的这道菜也入围优胜名单,果然是功夫不负有心人啊!这次比赛不仅提高了我的烹饪实践能力,增加了我和伙伴的默契度,而且让我们认识了渔家特色的海鲜文化,可谓一举三得,受益颇多。

学校开展的其他活动我虽然只是旁观者,但也积极融入团队,帮选手们加油助威,如亲子织渔网比赛,我们班的小翁参加了比赛,我们全班同学都高喊她的名字为她加油助威;"大海的歌"合唱比赛我虽然不是主唱,但比赛当天我昂首挺胸,精神抖擞,也表现出了积极的一面;另外还有滨海少年"筝"先锋比赛,我遥望着徐徐上升的风筝,心里有一种无比兴奋的感受,这一只只风筝不就像我们一个个滨海学子,承载着自己的梦想翱翔蓝天,寻找属于自己的天地吗?

"滨海雏鹰振翅欲飞,少年先锋时刻准备。"作为海滨少年,大海就是我们的故乡,我愿自己在大海的哺育下扬帆远航,迎风搏浪。

我的"海韵"六一

嗨,大家好!我是奉化市莼湖镇中心小学303班的一名学生,我的名字叫小陈。2013年5月31日,我们学校举行了"七彩海洋,欢乐童年"海韵特色游园争章活动,场面可热闹了。

首先我们在操场上举行了开园仪式,侯春娟副校长致开幕词。环顾四周,同学们惊喜地发现,今天全体同学的打扮和往常有所不同,你们看,我们的头上都戴着自己绘制的海洋生物头饰,怎么样,看起来是不是霸气十足啊?

开园仪式过后,游园活动正式开始了,班主任老师和小助手们在各个活动场地就位,同学们手持争章卡,有的结伴行动,有的独自闯关,纷纷挑战各类游戏。

我天生胆小,于是就事先约了302班的小吴结伴行动。这家伙是出了名的人胖鬼大,跟在他后面,我相信我也肯定能够轻松应对各类比赛。我们首先来到了"掌上明珠"游戏场地,一看同学们排的队伍,要什么时候才轮到我们呢?反正闲着,我们就欣赏起其他同学的游戏。看他们托

教育,为成长提供支持

球时那慌张的动作、执着的眼神，我和小吴在一旁乐翻了天，不过马上也为自己接下来的表现深捏了一把汗。终于轮到我们上场了，有惊无险，我们俩都轻松过关，小吴因为心情激动，在敲章时还差点插队了呢。

接下来，我们顺利进入"海狮过江"游戏队伍中，我和小吴一起开始，可怜的他要么用力过猛，要么用力太轻，连续过了 3 次才勉强过关，事后他自己也进行了检讨。接下来的两个游戏是考验我们的团队配合能力，"海鸥觅食"游戏需要两人一组，一人使用海鸥桶在 3 米外接球，一人投 10 个球，接到 6 个以上可获得一枚印章。我当投手，小吴当接手，一个、两个、三个……我们的配合还算默契。这时他就有点骄傲了，这不，第七个球弹框而出。我正想埋怨，只听旁边的家长裁判说："过关了"才放他一马。看我们已经过关还在那边扔着，旁边的袁老师也调侃我们俩都"上瘾"了。

然后我们来挑战第二个团队配合项目，这个游戏名叫"海狮吐泡"，需要两个人配合着把气球用头顶到对面。老师向我们简单介绍了游戏规则，说实话我不是很明白，但是还是云里雾里地披挂上阵了。第一次气球偏轨，我因用手摆正气球而犯规；第二次小吴一个人独挑大梁，发挥了他超强的肺活量，吹啊吹，一看气球落地了，他急中生智，"铁头"一顶，气球被硬生生地顶了过去。哈哈，跟在他后面就是好，我又蹭到了一个印章。

我们转战各个游乐争章场地。我们还玩了海狮戏环、智"解"贝壳、海岛垂钓、海洋魔箱、画鱼点睛、龙珠过海等游戏，不同的游戏考验了我们不同的技能。但是说来也巧，即使游戏难度再大，我们都能化险为夷，一小时玩下来，我们的争章卡上已经奖章累累了。

怀着焦虑的心情，我被小吴硬生生拉到了"章鱼深潜"游戏现场，这是我最害怕的项目，因为我的水性很差，看着小吴"身先士卒"，倒头埋入水里，我虽然面带笑意，心里却害怕极了……小吴轻松过关，我理了理刘海，鼓足勇气也潜了下去，一秒、两秒、三秒，在水里我不能呼吸，耳边听到裁判老师的加油声，几次我都想放弃。但是后来一想，身为大海的女儿，连水都怕，说出去不是被人笑话！于是勉强坚持下去。"时间到！"老师一声令下，我立马离开水面，深深吸了口气。哈哈，呼吸的感觉真好，我也突破了自己的"潜水"屏气极限。

低年级同学的最后一站是"贝壳 DIY"。规则很简单，就是在贝壳上绘制各种精美的海韵图。说起绘画，这可是我的强项，要知道我是我们学校"珊瑚鱼"画社成员，我们社团前不久还刚刚被评为奉化市"十佳"学生社团呢！在贝壳上画画对我来说自然是小菜一碟。同样的活动对不擅长画画的小吴来说可是比登天还难，只见他眉头紧皱，只知道稀里糊涂地把雪白的贝壳抹得一团黑。我可不学他，我要在贝壳上绘制一只鲜活的天鹅。第一次画完上交时，作品被我的美术导师吕老师残酷驳了回来，接下来我绘画起来就更加细致了，经过二次修改，我的作品终于得到吕老师的认可。我们又夺得一枚印章。

玩遍了低年级的游园活动，在小吴的一再要求下，我们两个贪婪地潜入了高年级的活动场地中，高年级的大哥哥大姐姐们非常欢迎我们的加入，我们玩的第一个游戏是"机智海豚"海洋动物拼图。高年级就是高年级，这个拼图游戏不仅考验你的眼力，还考验你的大局观，我花了九牛二虎之力才勉强拼出我们学校的吉祥物"海燕翔翔"的全图。再看对面的小吴，一条鱼拼到一半就抓耳挠腮地再也拼不下去了。在裁判老师的建议下，我也参与进去帮他一起拼。许久过后一条深海虎鲨拼凑完毕，离老师喊停的时间仅余几秒，我和小吴虚惊一场。接下来我们还玩了"心有灵犀""你来比画我来猜"游戏，不得不承认小吴完全没有表演天赋，很多海洋生物经他一演，就像一头跳动的小猪，我只能根据平时积累的知识来猜测。还好我机灵，最终印章还是争来了。玩完了全部项目，我和小吴来到了兑奖处，只见两条长龙沿着小操场排着。终于等到我们兑奖了，两个多小时的奋勇拼搏换来了精致的小玩具，我和小吴都为充实的收获而开心地笑了。

以上是学生小沈和小陈在海风拂面的校园里成长的故事，海洋文化浸润着他们，使他们成长为滨海雏鹰。海风吹，海浪涌，海滨少年迎风搏浪，这是文化浸润的力量！

（此文写于 2015 年 8 月。）

传承与创新

2016 年 8 月，阔别 7 年半之后，我回到奉化市实验小学任校长。实验小学有着深厚的文化积淀。我从 1992 年被调入实验小学，历经"面向全体、和谐发展、发展个性、发挥特长"的特色育人文化，基于"小学生创新学习行动研究"课题引领的创新文化，实现以"正气、儒气、灵气"为校风的自主灵动文化三个主要发展阶段。那么如何系统架构顶层设计，使实验小学的学校文化在传承中创新呢？

厘清实验小学的缘起与担当

一所学校的文化选择会受到众多因素的影响，其中比较重要的因素有学校的历史传统、学校的社会环境、面临的时代背景、教育的文化主题、校长的个性特征等。我在实验小学文化滋养下成长，并为是实验小学的一员而深感自豪，回到实验小学后，我决定从实验小学这一"金字招牌"上来选择、统整学校文化的发展走向。

实验小学的校名从何而来？须有怎样的担当与使命？在各地不断涌现"××实验小学"之时，我们需要厘清实验小学的概念。

为什么叫实验小学？答案繁多。一种说法是：过去这些学校都是师范生的实习场所，因此名为实验学校。这一说法张冠李戴，混淆了师范附属小学与实验小学的功能。另一种说法是：好的学校。这种说法简明却含糊。还有一种说法是：大多数实验学校都是指采用新的教材或新的教育方法的创新型学校。这一说法一定程度上说出了实验小学的担当。

奉化市实验小学的由来紧扣"实验"的意义。1985 年，浙江省教育委员会(现为教育厅)为强化教育科研，要求各地成立实验小学，大力开展教育改革实验，引领一方教育改革。在此背景下，学校于 1985 年挂牌于原奉化县县属重点小学城关一小，命名为"奉化县实验小学"。后随县制变革，命名为"奉化市实验小学"。2016 年 11 月 17 日，奉化市撤市设区正式授牌，学校随之更名为"奉化区实验小学"。

从实验小学命名之日起，学校就承担着"创新实验，示范一方"的使命。学校只有加强教育科研，锐意创新，勇于实验，通过示范引领，推广教改成果，才能带动区域内其他学校的教育发展。这是实验小学必须担当的责任，也是实验小学的意义所在。

理念文化系统的梳理与反思

明确了实验小学的办学定位，我着手在记忆与资料中梳理 1992 年至 2016 年，这 24 年来学校的发展轨迹，在文化积淀中找寻前行的方向。

以下为学校原有的理念文化系统：

核心理念：将优势发挥到极致

形象定位：学习型、创新型、示范型优秀实验小学

学校愿景：人文见长、书香洋溢、活力四射的江浙名校

学校精神：锲而不舍　团队合作

校训：天天向上　步步登高

校风：正气、灵气、儒气

教风：进德修业　启蒙开智

学风：快乐学习　健康活动

座右铭：太阳每天是新的

办学宗旨：创建一所适合学生发展的优质学校

办学策略：文化立校　科研兴师　质量强校

育人策略：面向全体　和谐发展　发展个性　发挥特长

管理原则：精心策划　注重细节

人才理念：持续发展　尽展所长

服务理念：感动生活每一天

学校口号：养浩然之气，修充盈儒气，汇山水灵气！未来始于现在，为学生的未来做准备！用读书改变我们的生活！我阅读，我快乐！我运动，我快乐！我创造，我快乐！

教师誓词：我是奉化市实验小学教师，我立志继承和弘扬实验精神，恪守"天天向上、步步登高"之校训，发扬"正气、灵气、儒气"之校风，光大"进德修业、启蒙开智"之教风；勤奋敬业，为人师表，关爱学生，

立言力行；以奉献为先，以质量为上，努力做到专业功底扎实，教学作风严谨；努力铸就高尚人格，做学生良师益友，为塑造江浙名校奉献全部的智慧和力量！

学生誓词：我是奉化市实验小学学生，我宣誓：恪守"天天向上、步步登高"之校训，发扬"正气、灵气、儒气"之校风，不负"快乐学习、健康活动"之学风；明礼守纪，操行雅正，自尊自信，自强自立，日有所进，学有所成。为报养育之亲情，为立自身之价值，为求民族之振兴而努力学习，拼搏进取！

学校宣言：我们居于东海之滨，人杰地灵，英才辈出；我们浸润于深厚的浙东文化，自信乐观，坚韧顽强。我们渴望拥有天使的翅膀，渴望在天空中飞翔；我们的目光飞向更远的地方，因为梦想就在前方；我们的脚步正在坚定地迈出，印证着前进的信念。我们将继续发扬锲而不舍的实验精神，团结协作，永争一流，将创新型、学习型、示范型优秀实验学校作为形象定位，不断创造辉煌。

学校是全体师生的精神家园。在这里，我们能够提升生命质量，可以幸福地生活和学习，也为更美好的明天做准备；可以更好地关注每一个人的人生幸福，帮助每一个人实现他的梦想。

"天天向上"使我们确定自己的价值，并不断挖掘自身潜力，成人成才；"步步登高"使我们时刻注重锤炼意志、提升综合素质。我们将汇聚所有的力量，同心协力，精诚共进，致力于"将优势发挥到极致"的理念，努力造就令人信服和信赖的办学优势、品牌魅力，以"人文见长、书香洋溢、活力四射的江浙名校"卓立于教育之林。

2018 年 12 月，我邀请首都师范大学蓝维教授来校指导；2019 年 1 月，我邀请华东师范大学胡惠闵教授来校指导。我向她们介绍了学校不同发展阶段的文化特征，她们既肯定了原有理念文化系统对学校发展的作用，也剖析了这一理念文化系统的局限性。

一是过于繁复。学校原有理念文化系统除了有校风、校训、办学理念、办学目标等，还包括座右铭、誓词等共 19 条不同方面的理念文化。学校理念文化的作用需要通过师生间的传播得以认同、实施、根植，而原有系统在 24 年间不断充实，形成了庞大的系统，不利于传播。这样的现象在许多学校中存在，有时请教师介绍一下学校的校风、教风、学风等，教师们很难清晰地说完整，可见让学校理念文化集约而便于记忆与传播，是进行梳理统整的标准之一。

二是新旧并存。原有文化系统从建构到完善前后长达 24 年，这其中有很多表述呈现的是当时的时代特征，紧紧契合当时的教育发展形势。不同时代的表述放在一起就破坏了整体风格，如校训"天天向上，步步登高"与座右铭"太阳每天是新的"呈现了活泼向上的时代感，但校风"正气、灵气、儒气"与教风"进德修业"给人以文化的厚重感。

三是方向各异。学校的理念文化系统应明确学校的办学目标、办学路径、办学策略，学校的办学精神、校训根植于校风、教风、学风中，而这一切形成上下贯通、横向协同的整体。但从原有理念文化的表述看，"将优势发挥到极致"并没有清晰地表达出发挥哪种优势，使实验小学的文化特征不能清晰地呈现出来。

确立"实验文化"的学校核心价值观

在两位教授的指导帮助下，学校文化构建的思路逐渐清晰起来。我们传承"实验示范"的办学定位，为强化教改示范的引领作用，确定以"创新实践、自主发展"为办学理念。胡惠闵教授建议"校训管百年"，不应为了顺应时势发展而不断地变化，于是我们选择原有较为厚重的教风"进德修业"为实验小学的精神追求，确立"敬德修业"为校训，与校风"正气、儒气、灵气"风格一致。

"进德修业"语出《周易》："君子进德修业。忠信，所以进德也。修辞立其诚，所以居业也。"进德，即增进、提高道德修养；修业，即营修学业，扩大事业和功业。"敬德"源自《礼记·中庸》："君子尊德性而道问学。"意谓君子既要尊重与生俱有的善性，又要经由学习、存养发展善性。

"敬德修业"中的"敬德"指要树立以德为本的人格，增强道德修为的导向功能，倡导用高尚的道德人格成人立世，要有志存高远、心胸开阔的道德修养，要有文明诚信、友善博爱、自立自强的品德。"修业"指学习知识，钻研学问，不断完备文化素养和能力，将毕生精力投入包括学业、事业在内的一切功业。

"敬德修业"告诫师生：德是立身之本，业是生存之道；修业先修德，德为业之先。

校训"敬德修业"成为实验小学全体师生的核心价值观，成为人人尊崇的学校精神。在学校核心价值观的引领下，我们确立了以下简约而厚重的学校理念文化系统。

办学理念：创新实践　自主发展

校训：敬德修业

校风：正气　儒气　灵气

成长标志：守规则　善学习　爱创造

育人目标：培育具有"正气、儒气、灵气"的学生

办学目标：创建具有"实验气质"的现代化示范学校

"实验气质"："正气、儒气、灵气"是学校的校风，学校倡导全体师生涵养兼具"三气"的实验气质。以"三气"为总领，塑造学校气质、教师气质、学生气质，具体分解为塑造"实验·示范"的学校气质，培育"创新·分享"的教师气质，涵养"实践·互助"的学生气质，一气贯通，形成"正气、儒气、灵气"的校风。

现代化示范学校：一是以省现代化学校考评指标为努力方向，均衡发展，全面达标；二是努力以不断创新的教育改革行动引领奉化教育，以"同城同速"跨越式发展追赶宁波主城区名校教育水平，并辐射推广，以教育品牌与实力不断扩展区域影响力，形成知名度。

为了让全体师生明确"正气、儒气、灵气"的校风内涵，把握行动方向，形成良好品质，我们确定了成长标志为"守规则、善学习、爱创造"。我们更希望这"三气"能烙印在每个实验小学师生的生命中，让"实验气质"涵养人生。

创建具有"实验气质"的学校文化建设路径

如何让"敬德修业"核心价值观真正引领学校发展？我们首先从学校文化传统、实验小学的担当、时代变革的使命等方面理清学校"敬德修业"的核心价值，以此系统架构办学理念、办学目标、支持平台。同时，以学校核心价值观为精神内核，确立办学理念引领各项有意义的文化建设，包括完善符号象征、仪式与活动、榜样人物、校园环境，形成学校传统，使师生在有意义的行动中得到核心价值观的自我建构，并得到更高层次的完善。这样，全体师生就能把共享的价值追求化为有意义的行动，在实现学校核心价值观的同时完善自我。

如图 2-2，在学校发展系统中，"敬德修业"是师生的核心价值观，学校通过"创新实践、自主发展"的办学理念，努力创建具有"实验气质"的现代化示范学校。"实验气质"办学目标的达成依托"守规则、善

学习、爱创造"三大实践平台，从而培育学生具有"正气、儒气、灵气"。价值引领、支持平台、实践活动、评价方式形成学校核心价值观引领下的育人闭环。

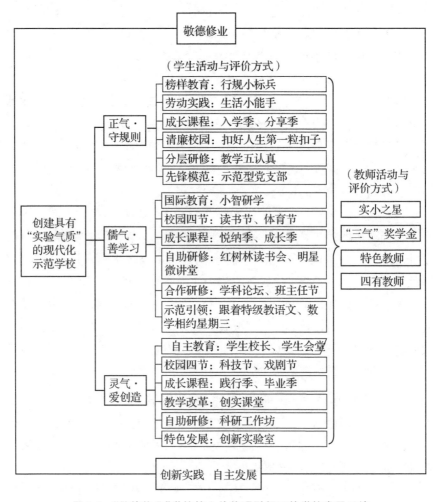

图 2-2 "敬德修业"学校核心价值观引领下的学校发展系统

探索"实验气质"学校文化的创新策略

传承是学校的发展原点，创新是学校的发展路径，示范是学校的发展标志。传承、创新、示范成为"实验气质"学校文化的三大创新策略。

首先，在传承中创新。创新不是无根之木，重拾创新教育是教育的传承与发展。1999 年立项的学校总课题"小学生创新素质培养实践研究"荣获 2000 年度浙江省教育科研优秀成果一等奖，此后学校开展的创新教育研究后续课题"小学生创新素质培养实践研究成果推广应用研究""小学生创新学习行动研究""小学新学力教育的叙事研究"等相继获得浙江省教科"九五"规划重大研究成果二等奖、浙江省基础教育成果二等奖、宁波市第二届基础教育成果一等奖、省优秀教育科研成果三等奖、宁波市教育科研成果一等奖。凭借教育科研，学校办学创新教育特色凸显。因此，把握实验小学的示范引领意义，立足学生核心素养发展，构建以"正气、儒气、灵气"为校风的"实验气质"学校文化，传承创新教育特色，具有极强的发展意义。

其次，在实验中创新。学校以"科研创新、科教兴校"为发展战略，自 1996 年开始承担省级课题"轻负担，高效益"，教学科研全面渗入学校教学改革及课程改革深处。课程、作业、教材实验始终贯穿于实验小学教育发展中。在课程设置方面，学校先后开展了电脑教学、双语教学、短课实验教学。在教材实验中，学校率先使用"注音识字，提前读写"教科版语文教材、"现代小学数学"新思维数学教材、"儿童智能英语"教材，多种教材同时并列使用。轻负高效是实验小学教改追求的目标。1996年，学校开展"轻负担，高效益"教学改革实验，1999 年，"小学语文愉快作业实验研究"获宁波市人民政府颁发的基教成果二等奖。以以上成果为基础，学校倡导教师开展教改实验，在实验中创新。数学骨干教师刘善娜开展"发展高阶思维的小学数学探究性作业的实践研究"，该实验成果获浙江省教育科研规划课题一等奖、宁波市人民政府基教成果二等奖，并出版专著《爱上我的课堂——一位小学数学教师的教学反思日记》《这样的数学作业有意思——小学数学探究性作业的设计与实施》。其中《这样的数学作业有意思——小学数学探究性作业的设计与实施》入选 2016 年度"影响教师的 100 本书"。刘老师开设网络千人讲堂，成果影响力再度扩大。持续的教改实验促进全体教师走在教育创新之路上。

最后，在示范中创新。创新是示范引领的生命力，示范是学校创新的动力。2004 年 10 月，时任实验小学校长的张良在第六届中国杭州西湖博览会"教育论坛"发表主题报告《实验与示范并举，规范与创新共存》，阐述了实验小学在示范中创新的发展战略。学校把握示范引领的定位，把握教改热点，深入实验，把创新研究成果向兄弟学校展开示范和推广。

学校把握学习方式变革的教改热点，创新尝试"小先生制"教学、同质分组学习分享、异质分组合作交流等学习共同体创建方式，探索合作学习特有的课堂文化。2017年，学校把传统的教研活动升级为首届"创·实"课堂教学展示，面向全市进行教学示范，引领区域教育改革发展。同时，为加强教学创新示范力量，两位教研员来校蹲点带班教学。另外，学校特级教师每周一开设示范课，学校还有"相约星期三""跟着特级教语文"两个教研品牌发挥教改引领作用，促进教师创新课堂教学，提升教学实效，走在教学改革的前沿。

在"敬德修业"学校核心价值观的引领下，全体教师承担起实验小学应有的使命，锐意创新，示范引领，搭建学生发展支持平台，努力培育具有"实验气质"的学生。

（此文写于 2019 年 6 月。）

培塑"实验气质"

二十七载育春晖，己亥乔迁启华章。2019 年 10 月，奉化区实验小学迁入新校园，掀开新的篇章。我们认为，只有加强教育科研，锐意创新，勇于实验，通过示范引领，推广教改成果，才能带动区域内其他学校的教育发展。这是实验小学必须担当的责任，也是实验小学的意义所在。我们在传承中创新，以塑造"实验气质"为中心工作，开启学校办学的倍速发展之路。

立足实验担当，定位"实验气质"的内涵

实验小学的本质意义在于不断创新探索，通过教改实验引领一方教育。"实验"不是一个简单的流程，而是对当下现状的准确分析，对教育过程的科学执行，对前方目标的坚定把握。因此，奉化区实验小学提出的办学理念为"创新实践、自主发展"。

"创新实践"是科学意识指导下的智慧行动，行动要踏实，意识要领先。学习的本质在于"学而时习之"，"习"就是实践行动，因为"实践是检验真理的标准"。实践不是唯命是从的盲目行动，而是"绝知此事要躬行"，是知识联系生活的探究践行。创新不是一个随意的想法，而是永不满足的追求、敢作敢为的担当、坚定不移的探索、勇立潮头的气魄。

"自主发展"是对因材施教教学原则的理论认可与实践回应，每个学生都是独立的个体，在共性的成长规律中有着个性的成长轨迹。教育行动无法做到和每个人的成长一一对应，但可以努力做到认识与尊重每一个个体，意识到位，行动跟进，努力实现全体师生的自主发展。

在此基础上，学校在传承中创新，提出了符合时代发展的办学目标：创建具有"实验气质"的现代化示范学校。

2016 年 11 月，奉化区撤市设区，学校确立文化兴校战略，努力以不断创新的教育改革行动引领奉化教育，以"同城同速"跨越式发展追赶宁波主城区名校教育水平，辐射推广，以教育品牌与实力不断扩大区域影响力，形成知名度。2018 年，浙江省启动现代化学校评估工作，这是顺应时代发展提出的办学高标准。学校明确发展目标，以省现代化示范学校考评指标为学校努力方向，均衡发展，全面达标，首批创建，示范引领。

进阶德育养成，构建自主发展成长体系

学校立足学生核心素养发展，构建了以"六季四节"（"成长六季"与"校园四节"）为核心理念的自主发展成长体系。对于低年级学生，学校重视培养学生良好的生活习惯、基本的社会礼仪和常规的自护自理能力，并更加注重教师对学生的唤醒和引导作用。对于中高年级学生，学校侧重引导学生对社会现象和问题的认识，帮助学生树立正确的世界观、人生观和价值观，引导学生过有创意、有品质的生活。同时关注两者的过渡和衔接，使之保持一定的连贯性。

"成长六季"包括：一年级入学季，学会自理、学会生活，如"我是小学生""开学第一课"；二年级分享季，学会快乐分享、共同成长，如"研学分享""跳蚤市场"；三年级悦纳季，学会悦纳自己、欣赏他人，如"学做小军人""21 天成长打卡"；四年级成长季，学会放飞理想、播种希望，如"向英雄致敬""写给三年后的自己"；五年级践行季，学会践行责任、彰显担当，如"我与后勤人员过一天""写一份家书"；六年级毕业季，学会感恩于心、回报于行，如"种下感恩树""许一个成长心愿"等。不同年段，成长落点螺旋上升，体现自主发展的层次性。

"校园四节"包括"读书节""体育节""科技节""戏剧节"，通过寓教于乐的德育方法，将校风"三气"深入学生内心，促使学生主动将"守规则、善学习、爱创造"的发展目标内化于心。

为了避免德育活动零敲碎打，学校以自主发展为导向，凸显榜样人物的引领作用。在学生实践和体验的基础上，学校以榜样教育引领校园"六季四节"，使活动真正促进学生精神成长。如把榜样教育和一年级的入学季整合，以"扣好人生第一粒扣子"为主题，精心编制入学手册，明确刚入学的学生行为规范由谁来教——榜样来教你。只要扫描手册的二维码"榜样教育——文明就餐"，就能看到榜样们的各类视频，使学生在直观形象的学习中潜移默化地提升道德品质。

优化组织自治，创新实践活动平台

根据布鲁纳的支架理论，学生的学习需要教师或是其他成人的主动支持。课堂教学亦是如此，学校教育更要为学生发展提供多样化的实践平台，这样才能关注到每一个个体，为学生提供最适合的支持。

学校于 2004 年开始设立"学生校长"岗位，每年少先队代表大会上学生参与全校性的自主竞选，任期一年。学生校长自治自理，每周在升旗仪式上做值周小结。

少先队员们在辅导员老师的引领下开展丰富多彩的活动，如结合学校特色课程——"宁波走书"，开展以"匠心传承，探寻非遗"为主题的学生会堂活动。此外，当共青团中央宣传部参与联合摄制的电影《同学们好》在学校拍摄期间，学校开展"我与演员面对面"为主题的特色学生会堂活动。队员们在学生会堂中实现自主参与、创新体验、自主发展。

"小石榴"红领巾志愿服务队秉承"奉献、友爱、互助、进步"的志愿服务精神，坚持以"立足校园、奉献社会、服务他人、锻炼自我"为活动宗旨，在每年学雷锋活动日、重阳节等节日，以及每月志愿者服务日在校园内外开展各类活动，展现学校少年求真、向善、尚美的"正气"。如怀揣环保梦想，义务捡拾垃圾、倡导文明旅游、为孤寡老人真情送温暖……少先队员们用行动践行社会主义核心价值观，树立小主人翁意识和公益意识。

学校为学生提供广泛的支持和个性化、可选择的实践空间，使"童心是创造心，实践得真知识"这一成长口号在学生成长支持平台的构建中得到诠释，助力校风的真实落地。

联动多方资源，打造气质课程文化

学校致力于学生的生长需求，促进学习样态的转变，重点突出四种能力(学生的生存能力、学习能力、实践能力和创新能力)、四种素养(学生的文化素养、公民素养、科学素养和审美素养)，联动多方资源，带动整个学校课程再造，力求让每个学生都有属于自己的一张课程表。

一人一台戏，说唱"演"人生，这就是老宁波记忆中的"宁波走书"。为传承国家级非物质文化遗产，学校与奉化区文化馆、非遗馆共同制订培养计划，校馆联盟建立传承基地，通过课堂、社团等平台，带领学生近距离感受"宁波走书"的魅力。教育部公布第三批全国中小学中华优秀传统文化传承学校认定结果，奉化区实验小学的"宁波走书"项目成功上榜。另外，软式棒垒球已经成为学校的热门社团，各年级学生争相报名。社团成员的家长们更具热情，不仅在平时训练中给予学校极大的支持和帮助，比赛时更是比教练和队员们还要兴奋，忙前忙后做好后勤保障，同时也是赛场上最热情的啦啦队……在团队成长的氛围中，经过三年努力，软式棒垒球社团斩获多项省级荣誉，学校入选全国软式棒垒球实验学校。

目前，学校已开发了 68 个课程项目，涵盖击剑、少儿越剧、武术、宁波走书、草木印染等主题学习拓展课程，还私人定制开发了"爱鸟护鸟""欢乐木工"等多个项目，充分满足学生需求。

随着"双减"政策的出台，学校强调课程供给的上下连贯、前后衔接，既要关注短线的精彩，又要关注贯穿短线活动背后的长程设计，形成系统的、序列化的课程实施群落。

学科答疑以"固本＋培优"形式开展，教师对学习能力不足的学生进行补习辅导，而对学有余力的学生转换作业形态，适当实施变式训练；主题学习以"兴趣＋特长"形式开展，与个人需求衔接，与学校特色课程贯通，补足课后服务内容单一的短板。同时启动跨学科整合学习，以"场景＋应用"形式开展，主要聚焦知识的生活应用与人际交往，引导学生通过实小秀场、光影剧社、校园吉尼斯等平台进行"3C 创新实践项目学习"。学校的课后服务课程模式入选浙江省"双减"优秀案例，并被推荐到全国。

强化双重驱动，培育为教而学研修理念

学校从陶行知先生提出的"为教而学"的学理中提取"主动""实践"的要义，并将其作为教师发展的双重驱动，强化"为教而学"的研修理念，关注研修内容的贴地而行，注重研修过程的全面系统性，改善研修生态，形成主动实践的校本研修新样态。

从被动走向主动。为促进师徒团队中学员的主动学习实践，学校创新开展"明星微讲堂"。迁入新校园后，学校需要对学科教室进行学科特色打造，如果仅靠学校班子成员，既体现不了各课程与教室的文化特色，也会使他们疲于奔命。为落实"创新实践、自主发展"的理念，师训部门组织开展了明星微讲堂之"特色课程、特色教室、特色教师"评选活动，

让每个学科教师自己打造特色课程，完成特色教室的布置，并轮流在明星微讲堂进行展示。其余教师化身为学生，走进草木印染、宁波走书、西点烘焙等教室，倾听课程理念，体验特色课程，感受课程文化。通过一学年的建设与展示，学校评比出特色教师、特色课程，特色课程建设得到快速推进。

从弥散走向聚焦。为改变传统的平推式的教研活动，学校借用学科组的力量对教学热点进行深入研讨，探索了"一个主题四个阶段"学科教学研修范式，要求每个教研组在学期初根据教学热点问题商定本组研讨主题，在学期中展开"学习思辨—实践体验—研讨提升—反思总结"的研讨。近两年中，语文、数学教研组先后荣获"浙江省先进教研组"称号。

从碎片走向系统。为促使教师系统开展个性研究，形成一定的教学风格，学校改变传统的"拼盘式"课堂教学展示模式，专门开设"创实课堂"，包括"课堂教学 + 学生展示 + 专题报告"系列活动，为教师搭建展示教学个性的平台，鼓励教师在形成一定的教学主张后进行申报、展示。近五年，学校有三位教师荣获宁波名师、名班主任称号，三位教师荣获省特级教师称号，两位教师评上正高级职称。

从封闭走向开放。一是学期初组织教师研读课程标准与教材，人人命题，对标研讨，有理有据地讨论试卷是否符合学段要求和具体教学目标，这一过程使学期教学目标越辩越清、越研越准。二是改变密封订卷、教者回避、流水批改的传统阅卷方式，年段内开放阅卷，批卷过程成为学情对比的过程，教师从学生答卷情况看到了自身教学的优势和劣势。三是分析交流，教师之间就具体试题细项交流教学心得，相互请教，取长补短。

此外，学校还相继开发了多个教师自助发展平台，如"红树林读书会"，邀请社会上书友共建"阅读共同体"，在共读、共写、共同生活中获得发展；"渲意笔会"，尝试打破论文写作孤军奋战的僵局，打通学科边界，如成员逐一介绍论文主题和提纲，然后让导师与成员现场对话，直入学科教学研究的原核；"合创研学社"，以"自能 + 自育"为导向，"标杆 + 同伴"为组织，通过"小课题研究""教师书香行""论文诊断会""课程开发站"等多个载体，让骨干教师以"助人"为己任，用毕生之功尽心助推青年教师成长；青年教师则努力以"自助"之姿，抱团前行在科研之路上。学校"红树林读书会"获评宁波市卓越读书团队，面向宁波推广展示。

立足实验小学的担当与使命，奉化区实验小学继续行进在"实验与示范并举，创新与规范共存"的发展之路。学优奉化，砥砺前行，奉化区实验小学携手区域学校务实笃行，推动奉化区教育事业实现新发展，取得新提升。

（此文写于 2022 年 4 月。）

第三章
课程张扬个性

教育要支持学生的成长，其主要的着力点在哪里呢？那一定是课程。

从西方教育史来看，人们把课程看作教育运行的通道、跑道。这个看法反映了课程的价值与意义。就学校教育而言，课程就是实施教育的载体和有效途径。因为学校教育是围绕学生而运行的，而课程是学校提供给学生的主要产品，是学校联结学生的纽带，是学校服务学生，促进学生学习、成长与发展的根本手段。

从课程到课程群，或是课程体系，都是为了给所有学生提供发展的支持与保障。种瓜得瓜，种豆得豆。北京师范大学的张志勇教授曾作过通俗的比喻："不种道德之豆，不可能收获道德之瓜；不种体育之种，不可能收获健康之体魄；不种审美之种，不可能收获学生的审美素养……"学校只有开设足够丰富的课程，才能促进学生的全面发展，也只有这样，才能满足学生个性发展需要。

如何建设足够丰富的课程呢？在国家提供基础课程保障的基础上，课程建设需要因校制宜，开发在地资源。"三人行，必有我师""以博者为师，长学识；以能者为师，增才干；以仁者为师，修德行；以善者为师，添爱心……"生活处处有教育，只有留心挖掘课程资源才能建设丰富的课程。

课程创新是学校永恒的主题。

更新我们的课程

2015 年 3 月，浙江省教育厅发布了《浙江省教育厅关于深化义务教育课程改革的指导意见》(以下简称《意见》)，这将推动我们的教育教学工作发生哪些改变呢？

笼统地说，课程就是学校安排的一切教育活动，不仅包括所有的学科教学，还包括每周一次的升旗仪式、每学年的春秋游实践、每周的社团活动等，一切促进学生成长的教育活动都是课程。从我们目前的课程设置看，基础性课程是我们教育活动的全部，其余的课程充其量是点缀，并没有发挥课程的教育功能。因此，我们必须更新课程。

整合我们的课程。校内学习活动时间有限，如何在语数英等基础课程之外安排拓展性课程呢？从课堂学习内容看，其实有许多学习内容在各学科中重复出现。如道德与法治学科中的学习内容与科学学科学习内容有重叠交叉，音乐与美术教材中的美学知识也有同主题交叉。重庆谢家湾小学已经先行进行课程整合，在课程表中我们看不到体育、音乐、美术等原有的课程设置，他们将 10 多门国家、地方课程整合为"阅读与生活""数学与实践""科学与技术""艺术与审美""运动与健康"五大类。

拓宽我们的课程。教师拥有执行课程的经验，但缺少拓宽课程的能力，那么如何拓宽课程呢？《意见》要求一至六年级主要开设体艺特长类和实践活动类课程。其中，体艺特长类课程包括体育、艺术、健康教育、生活技艺等课程，从而帮助学生发展兴趣爱好，养成良好的生活习惯和高雅的生活情趣。实践活动类课程包括信息技术、劳动技术、科技活动、调查探究、社会实践等课程，旨在引导学生探究自然、体验生活、了解社会，着重培养学生动手实践、科学探究、团结协作、服务社会的能力。

从能力目标来看，学校的活动都可以融入课程中，通过系统化编写成为拓展课程。莼湖镇校在海洋文化节中开展的海鲜菜肴烹饪比赛与在周末嘉年华开展的厨艺比拼活动，都可以经过系列化的设计成为一门与生活技艺有关的课程。

开放我们的课程。课程改革改变的不仅是内容，从课程实施的形式到评价都需要进行更新。从新的课程看，每周一次的升旗仪式是全校学生一起上的一节大课，午间用餐是全校学生的一次餐桌礼仪课程，每学期期中的学科节就是知识实践的一种课程评价。一年级刚入学的学生需要学校为他们量身定制"入学季课程"，学习中国少年先锋队队歌、章程，了解学校的规章制度，熟悉校园环境，做到安全上下学等；六年级学生需要"毕业季课程"，当同学们面对分别时，能用合适的方式与态度表达珍惜与感恩，如可以种植一棵感恩树，留下每个人的成长愿望……主题化的活动分项组织、综合评价，使活动具有规划性，课程更贴近生活，贴近学生的成长，更具实践意义。

校本课程建设除以上开发视角外，更须从课程实施的有效性进行考虑。其一，校本课程开发应注重师资队伍建设。我们常说："有教师是有课程的前提。"因此，教师自身的课程观、知识技能现状，以及校本课程开发技术是课程质量的前提。其二，校本课程开发应关注生情，只有真正满足学生需求，才能促进学生的成长。课程需要名副其实，而非纸上谈兵。

（此文写于 2015 年 6 月。）

教育戏剧课程下的"童化课堂"

　　教育戏剧是把戏剧方法与戏剧元素应用在教学或文化活动中，让学生在戏剧实践中达到学习目标和目的的一种教育方式。教育戏剧的重点在于全员参与，从感受中领略知识的意蕴，从相互交流中发现可能性、创造性的意义。在欧美国家，教育戏剧是一种非常重要的培养学生全面素质和能力的教学方法，甚至被认为是最好的教学手段。中国的教育戏剧目前处于起步阶段，不过教育戏剧的作用以及对学生全面素质的培养的重要性已经得到越来越多的认可，因此我校着力探索构建教育戏剧课程的方法。

背景：教育戏剧课程体系

　　教育戏剧课程并非简单地把现成的剧本搬到课堂中进行表演，而是指在课改理念的指导下，遵循教学规律、教学原则，根据教学目标，将教学内容剧本化，即将教材内容创编成学生喜闻乐见、通俗易懂又蕴含德行寓意的教育短剧；将教学手段表演化，即在教学中，以剧本或剧情为载体，以表演为手段，让学生在短剧表演中进行角色互动，经历情感体验，掌握沟通技能，在学会表演短剧或自主创演戏剧的同时自然习得语言，在背景布置及服装设计等过程中提升审美能力，并促进学生表演能力、创新能力等综合能力的提高；将教学评价创演化，即以小组合作方式，创编、表演戏剧，测试学生的语用能力、创编水平。(见图 3-1)

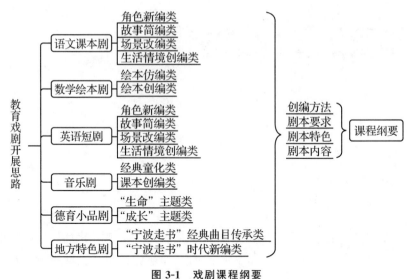

图 3-1　戏剧课程纲要

那么，如何一步步打造戏剧课程呢(见表 3-1)？

表 3-1　戏剧课程教学的基本流程表

基本流程	阅读指导	创编剧本	排练磨合	表演呈现
同步成果	分学科形成阅读指导的基本路径、指导课例	分学科形成剧本创编的基本路径、指导课例	具体任务小分工，跨学科知识大整合，形成完整的编演册(含剧本、演职表、道具解说等)	展示、评价、再展示、再评价，全面提升学生综合素养

在这样的过程中，我校积累了一系列经典指导课例和学生戏剧表演项目，并以教育戏剧的评价手段科学有力地推动"教育戏剧"课程教学向纵深发展，从而激发学生学习兴趣，提高学生综合能力。而其中的"指导课例"，就是要求各学科探索自己的"戏剧"路径，形成各具特色的课堂教学案例。学科课堂教学，就是整个教育戏剧体系的根基。

幕启："童化课堂"教学实践

教育戏剧，本质上是借助戏剧这个载体让学生更好地参与到各项学习活动中。在课堂教学中，让学生理解文本、体验角色，在感同身受中进行深度思辨，在理性争论后进行创新性表达，这样的课堂教学我们称之为"童化课堂"教学。因此，实现教育戏剧的基本路径为：问题(情境)理解→情节展现→思辨推进→内化表达。问题(情境)理解，指的是借助剧本化手段，让学生更容易理解教材内容；情节展现与思辨推进，指的是借助表演手段，使静态的文本动态化，让学生生动地感受情节的推进；内化表达，指的是借助表演来呈现学生对教材内容的个性化理解，达成评价创演化。这样的"童化课堂"，是体验的课堂，是思辨的课堂，更是创新的课堂。(见图3-2)

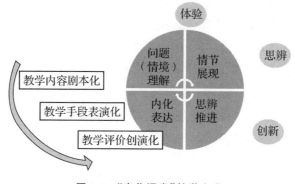

图 3-2 "童化课堂"教学实践

高潮 1："童化课堂"之教学内容剧本化

说起剧本化教学，很多教师马上会想到语文、英语课本剧。其实，剧本化是一种教学实施手段，各个学科都能利用，它能让学生更愉悦地掌握课本知识，理解相对难懂的概念。

如数学学科，人教版数学四年级上册的"平行与垂直"一课，该课概念多，理解起来较抽象，主要让学生理解同一平面内两条直线的位置关系：平行、相交(垂直)、重合。根据教材编排来看，主要涉及平行、相交(垂直)的教学，至于"重合"，教材采取了回避方式。那么学生是怎么想的呢？

让学生先参与进来。"同学们，如果这张纸上跑来了两条直线，它们会怎样？请把它们碰面的精彩场面画一画。你想到多少画面就画多少吧！"在这份前测里，"两条直线"会"碰面"，就像一个故事开了场。

学生的作品童趣十足，各式各样，包含了本课所学的所有位置关系。这既让教师了解了学情，又为这节课的"剧本化"教学做好了铺垫。

一上课，数学伙伴先开场——数学王子和方形队长开始对话(课件演示开始)，对话中复习了直线无限延伸的特点：由于直线可以无限延伸，所以画不完，可画长画短，不同的直线还有不同的方向。这时，直线就跑来了，它说今天它还带了小伙伴，一起表演节目给王子看。队长很好奇，两条直线能玩出什么花样来？两条直线的第一组动作由小强设计师设计。小强特别高兴，自己成设计师了。这三个动作，所有同学都用手势演一演，摆一摆，其他两个同学把动作在黑板上记录下来，然后一起看下一组动作。总共有 11 个动作，涉及同一平面上所有的位置关系——平行、相交、相交中的垂直、重合。这时，数学王子提出了一个核心的思辨性问题："那么多动作，其实，才 3 种动作而已。"这是什么意思呢？队长不明白，同学们能明白吗？学生就开始思考，大家相互争辩，为什么这样的"八字形""角形"也是相交？很快，学生就将黑板上刚才记录下的动作用磁贴分成了"相交""不相交""重合"三大组。借助课件，动态解释了两条直线"重合"后，看上去就像一条线，所以从两条直线的关系角度，我们只研究相交与不相交两种。

王子和队长就去方格图上辨认"相交"与"不相交"，认识到"不相交"也就是平行的"等距"，也慢慢发现两条直线相交，除了相交成 2 个锐角 2 个钝角外，还能相交成 4 个直角，这就是两条线"垂直"。这样的概念学习，就是把教学内容"剧本化"。学生的作品也被纳入"剧本"，大家在想象、动手演示、思辨中愉快地习得了数学概念。

高潮 2："童化课堂"之教学手段表演化

每个学科的学习素材都有其内在的编排逻辑，素材本身也存在一定的逻辑顺序。当学习素材被剧本化后，学生不仅可以想象、感悟素材内容，也可以通过表演体验素材内容。

如语文学科，语文选录了优秀的文学作品，这些作品通过精准的描写、客观生动的画面展现，让读者自我感悟。学生通过品味语言提升语感，而学生从人物语言进入人物内心需要教师搭建语言品悟的平台。其中的人物、事件、场景构成"戏剧化"教学的元素，教师择机组织片段开展表演，体验人物内心，从而有效促进学生感悟语言、体验情感。例如，人教版六年级语文上册《别饿坏了那匹马》一文，如何让学生通过语言品悟到残疾青年对我的关心之情呢？教师可以通过表演化教学，请学生分饰"残疾青年"与"我"的角色，透过人物话语，说出人物的内心真实想法，开启一扇让学生进入人物内心的大门。

他先是一愣，继而眼睛一亮，笑着对我说："过来，让我看看你的马草。"我想：（　　　　　）。他认真地看过马草后，冲里屋叫道："碧云，你出来一下！"

他先是一愣，继而眼睛一亮，心想：（　　　　　　　），笑着对我说："过来，让我看看你的马草。"他认真地看过马草后，冲里屋叫道："碧云，你出来一下！"

学生品味人物言行，补充未尽之言，从"我"和"残疾青年"两个视角透视人物内心，品悟到"残疾青年"那认真的外在表现下是体谅关心"我"饥渴读书的良苦用心。

思辨课文中的人物安排，可以引导学生关注文章构思的严谨缜密。《别饿坏了那匹马》除了"残疾青年"和"我"两个主要人物外，还有一个看似非常次要的人物碧云——她只负责把马草拎进里屋。在表演设计中，教师与学生可以探究一个话题——如果把课文改编成课本剧，你喜欢演碧云吗？碧云这个人物重不重要？学生在讨论后发现这个人物有穿针引线的关键作用，"残疾青年"谎话的存在与被揭穿都与她密切相关，她的存在使故事更合理，这是作者写作时非常精巧的情节设计，使故事结构严谨。在这个过程中，教师引导学生回想平时自己的写作，学生多数是以"突然"一词掩盖粗糙的情节设计与结构安排。学生在探究对比中深刻体验了美文之精巧。

高潮 3："童化课堂"之教学评价创演化

为检验戏剧化课堂教学的成效，促进学生更加积极主动地运用学科知识，我们创新了学科教学的评价手段，将对学习效果的评价也融入戏剧创作表演中。这样的创演化评价，刷新了学科教学的评价途径，是过程性评价、终结性评价与整体性评价的新型优化组合。学期末，学校依据年段采用不同方式对学科教学进行评价。如英语学科，我校采用了三、四年级学生进行戏剧续编评比、五、六年级学生进行戏剧创演评比的方式。

(1)三、四年级戏剧续编评比

教师为学生准备剧本的开头，然后要求学生将剧本续编并进行完整表演，每组三到四人，考核学生学习效度，并为学生提供展示平台，巩固课堂所学。评分标准如表 3-2。

表 3-2　三、四年级戏剧续编评分标准

表演要求	学生自由编组，每组不超过三人，按照教师提供的剧本开头，以本学期内容为主，适当结合前几学期所学词汇、句型、歌曲等续编剧本并进行表演，每组表演不超过三分钟，以视频形式发到班级群

时间安排	每周利用两节英语课，在教室开展戏剧视频观摩评比
评价标准	表演内容（篇幅恰当、语言自然、条理清楚、符合逻辑）占40%；语音语调（发音地道、语调传情达意、表达流畅）占30%；表演技巧（大胆积极、合作默契、表现力强）占30%
考核办法	英语表演成绩以50%计入期末总评成绩

（2）五、六年级戏剧创演评比

创演评比旨在促进学生将所学语言内化，创造性地运用所学语言，培养创新思维能力，提升语用能力。评分标准如表3-3。

教学评价创演化让评价从课堂延伸到课外，是学生语言能力、合作能力、思维品质与文化解读能力的综合体现。更重要的是，戏剧所特有的情趣特点给学生带来了深刻的情感体验，这些在激发并维持学生兴趣的同时，强化了语言的学习效度，知识、能力与情趣的三效合力，共同增强了学生的语言学习的总效益。

表3-3 五、六年级戏剧创演评分标准

评分项目	评分标准	所占分数
基本项目 （共55分）	语音、语调、语速、词汇、语法等符合剧情	15
	表达流畅，语言有感染力、表现力	20
	表情与肢体语言相符	10
	服装、道具与剧情相符	10
剧情结构 （共30分）	剧情结构完整，完成度高	15
	结构完整、剧情有创意	15
团队协作 （共15分）	合作得当、自然默契	15

谢幕

教育戏剧课程体系下的"童化课堂"教学，通过在教学中创设语境，让学生在情境中体验、思辨、创新，使课堂的教与学更加生动，提高了学生的参与积极性，教、学效果大大提高。"童化课堂"教学研究，还大大促进了我校教师对各种教学资源的开发和利用，促进了教师对课程目标的准确把握，提升了教师的教材重组能力、资源筛选优化能力、教学方式和手段的自主创新能力以及课程评价能力，使教师的教学理念更先进，合作态度更积极，研究意识更强烈。

（此文入编 2021 年 6 月出版的《体验·思辨·创新："童化"课堂戏剧化教学的探索与实践》一书，收入本书时略有修改。）

"宁波走书"进校园

∧
∨
∨
∨
∨
∨
∨

学校的文化特质从课程中培育，那么如何打造属于实验小学的特色课程呢？"宁波走书"作为奉化区少有的国家级非物质文化遗产，具有其文化独特性，于是，我们决定把"宁波走书"作为课程建设的资源。

"宁波走书"又名"莲花文书""犁铧文书"，诞生于清朝末期，距今已有百余年历史，主要流行于宁波地区的奉化、鄞州及周边县市区，影响力还涉及舟山、台州等地，是浙东地区比较有名的一个地方曲种。时至今日，"宁波走书"因其通俗易懂的唱词、跌宕起伏的情节、原汁原味的伴奏以及接地气的唱腔，在奉化依然拥有广泛的群众基础。2008 年 6 月，"宁波走书"被列入第二批国家级非物质文化遗产名录。

2017 年 1 月，奉化区文化馆与我们学校达成共同培养计划，实施"宁波走书"在我校的传承、培养计划。1 月 17 日下午，一场别开生面的"说方言选拔赛"开始了，标志着宁波走书课程建设的启动。

"宁波走书"教育价值审视

"宁波走书"进校园在当下有何价值呢？我们可以从多维视角审视"宁波走书"的教育价值。

(1)文化道德层面的情怀熏陶阵地

作为传统的南方曲艺，"宁波走书"用"宁波口语说唱故事"的方式塑造人物、表达思想感情并反映社会生活。传承"宁波走书"，讲宁波话，小说宁波事，大讲民族史，可以培养学生爱祖国爱家乡的情感，培育学生的民族情怀。"宁波走书"传承剧目多为如《隋唐英雄传》等长篇书目，这些常传递传统的忠善孝义；也有围绕当下时代热点创作的一批弘扬主旋律、歌颂新时代的走书作品，如宣扬新农村建设的《锦绣奉化》，庆祝

教育，为成长提供支持

新中国七十华诞的《七十华诞颂祖国》，传播文明的《奉邑十礼》……学生在传承、欣赏中接受高尚人格的熏陶，养成良好品质。

（2）人生阅历层面的角色体验舞台

人生如戏，戏说人生。每个人一生中都在扮演不同的角色，他们都要投入角色中。从曲艺到教育戏剧，学生不以单纯学习曲艺和表演技能为目的，而是运用曲艺戏剧的元素学习跨学科知识。学校为学生搭建了一个个小"舞台"，让每一个学生都能成为自己心目中的小"演员"。通过角色扮演、虚拟情境等方式，让学生树立自信，坚定走好人生每一步；学会控制，独立思考，以更好的状态应对人生每一个挑战。表演可以让他们更深刻地理解人生，演好生活中的角色。

（3）艺术表演层面的能力提升载体

"宁波走书"是用方言，以个性的独唱、对唱为主，集生、旦、净、末、丑于一身，主要借助语言、动作来表现不同人物的情态，符合学生学习欣赏的综合性艺术形式。"宁波走书"的综合性是学生的基础课程不能比拟的。参加"宁波走书"表演，体验演唱、念词以及综合性表演的艺术形式，如同参与综合的音乐实践活动。在学生体验参与过程中，教师为学生提供生动有趣的创造性活动。例如，"宁波走书"剧本创编、"宁波走书"身段设计、"宁波走书"走位设定等。相同的剧本由不同学生扮演，会产生不同的效果，这样能够充分发挥学生的创造力，这也是"宁波走书"带来的魅力。

学生立场下的课程实践

2017年起，学校将"宁波走书"引入校园，将"宁波走书"的各项艺术元素植入教学实践中，让"宁波走书"课程在教学中生根发芽，让每一个学子都能展开系统的学习。

学校因材施教、因人而异，在发展培养"实验气质"的综合性人才的理念指导下，开设有关表演的课程，学校还邀请"宁波走书"国家级传承人朱玉兰老师担任艺术指导。

"宁波走书"向全校学生普及，按学生年龄特征分层推进。（见表3-4）

表3-4 "宁波走书"的普及与推广

年级	学习内容	评价方式	推广形式
一年级	方言故事	家长点评	家庭表演
二年级	方言绕口令	师生点评	校内表演

年级	学习内容	评价方式	推广形式
三年级	"宁波走书"基本曲调	微信点赞	微信传播
四年级	《巴人传》《锦绣奉化任你游》	考级过关	考级宣传
五年级	《校园生活》创编	奖项颁发	校外表演
六年级	《时事新闻》创编	争金夺银	参赛演出

我们努力让传统的"宁波走书"符合当下学生的审美观，贴近学生生活，与时俱进，有时代感，兼顾学生的心理特征，做到剧本精简、富有想象力，内容丰富多元。"宁波走书"实践探索的环节为剧本创编、音乐挑选、动作设计、舞美设计、排练演出。

(1)剧本创编

"宁波走书"剧本要符合学生心理发展特点，使学生愉悦接受，形成积极向上的认知。以表演为基础，把养成教育融入其中，提高学生的整体素养以及综合能力。在扮演各类角色中让学生能够理解他人，培养学生尊重、包容、悦纳的意识，使学生养成良好的行为习惯，塑造健全人格，促进师生和生生之间的互动交流。

在练习中，我们选择教材中带有故事情节的内容，如《彼得与狼》《三只小猪》《白雪公主》，整合语文课本或者课文中适合演绎的故事进行创编。教师引导学生通过回想生活、学习中的经历，结合想象力创编"宁波走书"剧本。剧本要符合剧情发展，依照开始、进展、转折、高潮、结尾设计，剧中人物要形象鲜明，性格突出，"宁波走书"表演过程要衔接自然，身段表情走位要结合剧情发展，人物对白设计要精练，考虑方言的咬字发音。

剧本创编完成后，通过选拔方式确定演出人员，教师将剧情和人物特点讲给学生听，帮助学生了解、揣摩人物角色，体会人物情感，精心设计表演。特别是情感起伏较大的剧本，需要用鲜活的肢体语言和生动的演唱把角色形象地演绎出来。

(2)音乐挑选

"宁波走书"的伴奏乐器有多种，以四胡为主，学校没有精通四胡的学生，需要聘请专业的四胡老师，平时训练老师无法每天到场。因此，学校安排将"宁波走书"常用的四平调、赋调、马头调的曲谱写下来，请专业老师制作伴奏，用于平时的排练，使学生在不知不觉中熟悉、理解、体验"宁波走书"的基本曲调，结合剧本以不同演唱情绪表达不同意境。学校平时注重创建走书音乐库，收集大量音乐并让学生根据不同情绪、不同主题曲目进行分类，便于选用。

（3）动作设计

"宁波走书"的动作身段要与剧情、音乐相符，这样才能凸显角色，渲染气氛。在"宁波走书"表演中，身段走位、形体动作不能太夸张，不能影响演唱。所有的动作设计最好能对人物形象的塑造起到衬托作用。"宁波走书"用身段表演的形式将剧情推向高潮，这时动作的点睛之笔极为重要，对剧情发展起到推动的作用。

（4）舞美设计

道具、服装等元素影响着整个剧的品质，好的道具、服装能为表演加分。"宁波走书"主要体现在"精"，即小投资、巧设计(如折扇、油纸伞等可操作性强的道具)、精服装理念。

（5）排练演出

学校以学习态度、演唱展示、台词表演等综合考核作为评价标准，选出既有责任心又有能力的学生参加排练。"宁波走书"剧本表演分为四个场次：初步感受—了解剧情—体验角色—刻画人物。整个过程从基本成形到最终排练成形，需不断锤炼，从而提高作品的整体质量。

为充分调动学生思考、激发学生的观察积极性，教师应让学生明确自己在台上的任务。教师可以鼓励学生多次走台，使学生将整个作品的各环节进行充分融合，针对不尽如人意之处及时改进。教师还可以安排学生参加学校戏剧节演出，以及各类演出比赛，为学生创造演出机会，锻炼培养学生各方面的综合能力，提高学生连贯性、整体性以及随机应变能力。

"宁波走书"教学内容具有多元的表现形式，能改变学生坐而学的课堂教学模式。一方面，学生从被动转变为主动参与，在实践体验中把教师教授的基础知识和基本技能在潜移默化中吸收；另一方面，学生在实践中能够激发潜能，增长心智，发展交往能力、模仿能力和创造能力。

双线并进的传承与创新

从学校的实际情况出发，我们将"宁波走书"的普及教学分为低段(一、二年级)、中段(三、四年级)、高段(五、六年级)以及学校"宁波走书"精品社团两方面，以双向普及的方式展开研究。学校先是向全员推广"宁波走书"，使他们学习戏剧表演。教师通过系统的持续性教学让学生学习"宁波走书"，以此来丰富学校特色课程，一步一个脚印逐步提升学生的综合素养。同时，学校开设"宁波走书"精品社团，以演唱、身段、表演、念白为核心内容，以自编自创作品为成果展示，在"宁波走书"艺术创作中融入思想教育，提高学校艺术社团的教育教学质量。

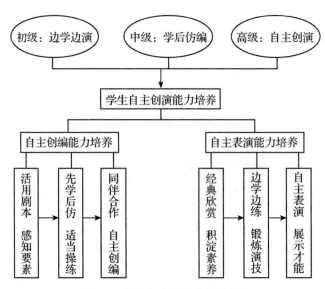

图 3-3　学生自主创演能力培养图

(1)"宁波走书"普及课程

普及课程按低段、中段、高段展开初级、中级、高级的学习。初级阶段让学生初步了解"宁波走书"，用欣赏法、游戏法营造学习环境，激发学习兴趣。中级阶段用讲授法、示范法教授"宁波走书"基本技能，使学生能有感情地演唱四平调、赋调、马头调，并结合简单的身段动作演绎"宁波走书"，进行方言念白训练。高级阶段要求学生掌握"宁波走书"的表演技能，尝试创编"宁波走书"剧本，能用眼神、动作表演剧情角色，并能和其他伙伴一起合作表演。整个进阶培养环环紧扣，循序渐进。

(2)"宁波走书"精品社团

学校通过全校报名、选拔的方式，从表演、念白、方言等方面确定"宁波走书"社团人员。每周一下午定期邀请国家级"宁波走书"传承人朱玉兰老师来校教授；每周四下午由学校音乐骨干教师教授校本课。每学年学校还开展戏剧节活动，每学期学校搭建艺术小舞台，鼓励学生积极参加区、市演出比赛，为学生创造更多的演出机会。

在教学实践过程中，学校通过将表现性评价、过程性评价与终结性评价相结合的方式，创建基于差异发展的多维评价和标准，对学生在"宁波走书"活动中的综合表现进行评价。通过自评、他评、互评相结合，寻求有个性、有激励的多元评价方式，对学生的各项学习内容作出综合评价。教师根据评价结果选出优秀学员（占比 20%），并给予奖励。另外，给予优秀学员自由选择"宁波走书"剧本中自己喜欢的角色来扮演的权利作为奖励。

长期教学实践证明，"宁波走书"这种综合性艺术，能使学生全员参与、全身心投入表演。我们要利用好课堂和社团这些载体，形成"宁波走书"教学的良好氛围，在"宁波走书"创作中融入思想教育，提升学生综合素养。我校"宁波走书"社团连续两年代表奉化区教育系统参加宁波市教育系统艺术节比赛，并荣获二等奖和浙江省优秀红领巾社团称号。2017年 10 月，自创剧目《巴人传》在宁波少儿第二届曲艺大赛中，以最高分拿下了金奖；2017 年 12 月，《巴人传》代表奉化区参加浙江省曲艺展演活动，获得专家评委一致肯定；2018 年 8 月，《巴人传》代表浙江省参加全国第八届少儿曲艺展演，展演共有 65 个优秀少儿曲艺节目，全国各地的学生同台竞艺、交流互鉴。经过两年的学习和积累，社团参加的比赛和表演已有 24 余场，平均每月演出一场。高频次的演出经历大大提高了学生的学习积极性，锻炼了学生学习、生活、交往等各方面能力。学校先后成为"宁波走书"传承基地学校、宁波市非遗传承教学基地，2021 年，我校入选第三批全国中小学中华优秀传统文化传承学校。

（此文与舒静波合作撰写于 2019 年 1 月。）

草木染指的是天然植物染色，它的创造性是机械化生产无法实现的。2019 年起，我们在"小红帮"拓展课程的教学基础上，将印染文化引入学校的拓展课程，开启了草木染课程建设。

草木染"现象学习"的模式建构

芬兰"现象学习"的核心是引导学生从不同学科视角解读已有知识和经验，培育学生的综合学习能力。引入我校的课堂后，我们以印染文化现象为中心，根据学生实际校园生活需要选取具体、可操作的项目，匹配相应的跨学科内容进行主题学习。

例如，在"蜡染扇子"一课中，我们根据学生需要，以美术学科为主体，加入了综合实践、科学、劳动等学科，通过考察探究，汲取新知——沉浸体验，改进工艺——跨学科学习，协同创作——评价展示，持续跟进四个路径来进行现象学习。偶然的机会，学生发现走书社团缺少表演道具，通过前期的调查了解"草木染"后，经过几次尝试体验，确定用蜡染的形式展开设计制作。根据学生的需要，各个教师围绕"为走书社团设计表演用的扇子"主题引导学生展开学习。(见图 3-4)

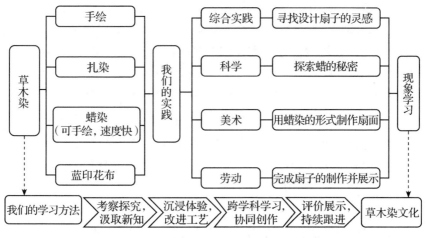

图 3-4　草木染拓展课程"蜡染扇子"的学习实施框架

草木染"现象学习"的实施路径

(1)考察探究，汲取新知

考察探究前请学生了解任务、明确目标：草木染社团在为走书社团设计演出服时，发现缺少演出道具——扇子，于是为走书社团量身定制了一款扇子；学生分别组建"蓼蓝采访组""吴蓝手工组""木蓝绘画组"，通过视频介绍、草木染服装展示和思维导图展示来呈现整个考察探究过程，这既是对前期学习的有效反馈，也为接下来的学习做好准备。

(2)沉浸体验，改进工艺

草木染可分为扎染、蜡染、蓝印花布，其中，蜡染是用蜡刀蘸取蜂蜡并绘于棉布上以蓝靛浸染，既染去蜡，布面就呈现出蓝底白花或白底蓝花的图案。多次尝试后，我们改进了传统蜡染的工具和流程，降低了操作难度，也提高了课堂效率。

首先是画蜡工具的调整，用毛笔绘蜡代替蜡刀绘蜡。传统蜡染在绘制过程中以蜡刀和铜斗笔为主，尝试后我们发现，小学阶段的学生对于蜡刀的使用存在一定的难度，如蘸取的蜡容易出现凝固、出蜡少、线条粗细不受控制等情况，因此采用狼毫毛笔来绘制，这种毛笔能蘸取 60℃左右的蜂蜡来绘制图案，线条粗细可任由学生控制，绘画效果较好。

其次是去蜡流程的改进：熨斗去蜡代替沸水去蜡。去蜡是将画蜡后的棉布在沸水中烧煮，蜡遇到高温会上浮并固色，经过漂洗，布上就会显出蓝、白分明的花纹来,整个过程需要20~30分钟。这样的去蜡流程耗时较长,沸水烧煮存在较多的安全隐患。因此我们指导学生采用熨斗去蜡的形式替代沸水去蜡,即在草木染完成后用报纸覆盖于棉布上面,用熨斗的高温将蜂蜡吸附于报纸上,一般4~5分钟即可完成。

最后是建缸工艺的提高:化学染剂助力传统建缸。传统建缸需要配备一定量的靛泥、食用碱、高度酒、麦芽糖、40~50℃的温开水等,工序复杂、操作难度大。因此,课堂上我们在靛泥中加入一定分量的碱剂、还原剂,以此助力快速建缸,这样30~45分钟后一般就可以开始草木染了。

(3)跨学科学习,协同创作

跨学科学习可以让原来的美术作品更加丰富立体,形成一个微型的整合系统,同时也为学生个体的持续性发展提供更多的交互平台。"蜡染扇子"一课的学习是以美术学科为主,融合科学、综合实践、劳动的学习内容。

片段一:当美术遇上综合实践,让学习活动综合化

教学片段:寻找设计扇子的灵感

①欣赏扇子并确定扇子种类

师:要设计扇子,我们首先就要确定选用哪种形式的扇子。大家平时看到的扇子是什么样的?扇面上有什么?

生:扇子的种类按照形式可以分为团扇和折扇,扇面上都有精美的图案。

师:你觉得团扇和折扇哪个更适合走书社团的旗袍呢?请同学们谈一谈。

②明确设计方向

师:草木染分为扎染、蜡染、蓝印花布这三个种类,根据你的设计,选用哪种印染方式比较合适呢?

③小组讨论并绘制设计草图

在这一学习活动中,综合实践老师的教学重点是寻找设计扇子的灵感,引导学生选择合适的工具材料,用实地参观的形式了解印染文化的特点,学习制作流程,设计出适合走书社团表演的扇子。通过综合探索,学生将所掌握的美术知识、劳动技能,与自然、人文、科技、社会相结合,实现了学习迁移,提高了艺术核心素养。

片段二：当美术遇上科学，让学习活动科学化

教学片段：探索蜡的秘密

①实验探究蜡的熔点（材料：蜡、酒精灯、测温枪等）

请一名学生用测温枪测量蜡的温度，其余学生将温度值填写在实验记录表上，每隔15秒记录一次蜡的温度，并观察蜡是否变为液体；上交实验记录表。

②分析记录表，得出结论

师：几名同学的记录表有何不同，哪个温度才是熔点呢？

生：54℃、67℃。

小结：物体从固体刚好熔化为液体的温度叫作"熔点"，因此，蜡的熔点大约在60～67℃。

③课后作业

师：熔蜡炉是蜡染的重要工具，温度过高，蜡会冒烟，毛笔的毛也会卷曲；温度过低的话，在蜡染过程中，蜡又会浮在布的表面，造成着色不均。那在使用熔蜡炉的过程中，指针应该在哪个刻度合适呢？

蜡染文化里的材料使用、色彩变化都与科学有着紧密的联系。在蜡染过程中，温度对于蜡的形态改变起着重要作用，"如何控制好蜂蜡的温度"一直是社团学生无法解决的难题，因此在第二部分教学中科学老师引入内容——探究蜡的秘密，运用探究实验的形式，让孩子们从科学的角度理解美术技法的形成，了解艺术背后的科学知识。

片段三：当蜡染遇上美术，让学习活动艺术化

教学片段：用蜡染的形式制作扇面

①结合古代美术作品，探究扇子作用

师：扇子在中国有着悠久的历史，起初并不是用来纳凉的，看一看《步辇图》中的扇子是用来做什么的？

生：仪仗的工具。

②欣赏视频，探究扇子的制作工序和结构

师：（观看视频）传统团扇制作需要经过多少道工序呢？扇子由几部分组成？

（学生通过观看视频，了解传统团扇的制作工序及结构。）

③复习蜡染制作步骤

师：蜡染，尤其是贵州蜡染，是第一批被列入国家级非物质文化遗

产名录的，让我们一起来看看，真正的蜡染是怎么制作的（欣赏视频《贵州蜡染》）。

生：点蜡—染色—去蜡—成形。

④比较我们的蜡染与传统蜡染的异同

师：比较我们的蜡染和传统的贵州蜡染有什么不同。

生：画稿、晾晒方式，材料使用略有不同，蜡刀用毛笔代替……

师：蜡染是草木染中难度较大较高的一项工艺，对我们来说有一定难度，因此我们改进了部分工艺。来看看小晨是怎么做的吧！

⑤学生欣赏视频，小组讨论绘画内容

学生之间讨论、绘制符合扇子风格的图案，如植物（可选荷花）、传统的乐器、几何图案等。

师：大家可以绘制非遗类和传统类的图案。

⑥比较作品，了解点蜡的方法

师：引导学生比较两幅作品《荷花》。

生：一幅作品以线条为主，另一幅作品不但有线，更多的是块面。

小结：和线描的作品相比，加上块面后的作品对比明显，也可以在画完外形后添加装饰性的线条。

⑦学生练习，教师指导并展示

构思画蜡—染色氧化并清洗—熨斗去蜡—晾干展示

草木染艺术作为传统的非遗文化，它所独具的教育性、工艺性、艺术性对美术教学有着独特的开发价值，一方面可以让非遗文化在小学传承发扬，另一方面可以扩充新的美术教学资源，因此片段三的美术课是学科本位的呈现，也是整个单元教学探究的重点所在。教师通过欣赏有关古代扇子的国画作品，以及复习蜡染制作工艺、比较与贵州传统蜡染的不同、交流绘画内容和方法等方式指导学生进行创作，学生通过自主创作完成布料制作（以蜡染方式）。

片段四：当美术遇上劳动，让学习活动生活化

教学片段：扇子的制作

①教师引导，学习制作扇面

学生活动一：将扇框放在布上进行构图；

学生活动二：请学生上台交流构图形式并引出留白。

师：留白指的是在画面中空出一部分空间，让人产生无限遐想。这

样的形式我们常常在国画作品里用到。

②扇面制作，教师指导

构图—裁剪—刷胶—糊扇面—包边

片段四中，劳动老师引导学生从构图等环节制作扇子，学生用裁剪、刷胶、糊扇面等方法完成扇子制作。将劳动学科融入美术学科的单元教学，是一个物化再创造的过程，通过前期蜡染布料的绘制，让美育和劳育充分结合，将美术作品实物化，让学生感受到劳动创造美的全过程。

(4)评价展示，持续跟进

为了激励学生的后续学习，教师对学生每一部分完成的作业进行评价，使学生获得成就感，增强自信心，培养合作精神，在这些过程中学生的阶段性成果被肯定、分享，在潜移默化中提升学习自信心。

由于整节课是为走书社团设计演出用的道具，因此在单元教学的最后，我们设计了让社团学生穿上草木染社团设计的演出服、道具进行表演的环节，这种动静结合的展示方式，让学生的作品被使用、受重视，极大地鼓舞了学生。

草木染"现象学习"的实施策略

跨学科的整合主要发挥学科素养在真实场景中的综合使用功能。通过以上的教学实例，我们分别从领域跨界、学科跨界、时空跨界这三个方面纵向关注学科自身的逻辑顺序，横向打造知识学习的整合系统，互相连通达到知识的有机统整。

(1)以领域跨界关注纵向学科逻辑体系

美术学科核心素养不是简单的学科知识与技能，而是美术学科或跨学科知识与技能、过程与方法、情感态度与价值观的整合，是美术学科育人价值的集中体现，是学生通过美术学习期望获得的主要成就。在草木染课程中，通过现象学习开展"造型表现""设计应用""欣赏评述""综合实践"主题活动的方式，聚焦印染文化，关注与之相联系的生活与社会现象，从多领域达成同一学科的串联。

(2)以学科跨界打造横向知识系统整合

立足美术学科，与语文、科学、综合实践等学科跨界可以让美术教学更加丰富立体，形成一个微型的整合系统，同时也为学生个体的持续性发展提供更多的交互平台。

（3）以时空跨界联结多元知识的有机统整

现象学习提倡跨越时空，实现无边界的学习。陶行知先生教育即生活的理念，就是要打破学校课堂教学单一的模式，突破学校教育的地域限制，实现网络学习、博物馆学习、艺术家进课堂、非遗进课堂的有效结合，实现时空的跨界。

（此文与方璐莎合作撰写于 2022 年 7 月。）

七巧板课程的项目式学习

　　小学阶段是学生思维成长的黄金时期，七巧板作为广为流传的古典智力工具在运用和实施的过程中所展现的教学优势和魅力越来越明显和独特。根据对区域内样本学校的调查，我们发现不少中小学的七巧板目标内容和教学方式与传统学科存在巨大差异，导致实施过程陷入窠臼。

　　一是价值导向：课程目标窄化。目前七巧板课程多以竞赛攻关为导向，目标定位的窄化导致受众单一、形态僵化，课程沦为面向个别学生、单纯以拼组解题的技巧传授为特征的课堂教学，并没有真正与学生的认知思维发展有机结合，这与培养核心素养创新型人才的教育理念背道而驰。

　　二是主题进阶：课程序列不明。小学阶段学生思维由具体形象水平向抽象逻辑水平过渡，再向初步本质抽象水平进阶，相应的七巧板的课程序列设计应促进学生的思维迭代，但目前由于各年级课程序列性不明，所以生长点不清，主题或平面推移、或下沉拔高，无法匹配学生的学习需求。

　　三是内容确立：学科组元缺位。七巧板不仅可以促进学生的思维发展，而且其百变组元的特质让内容的确立有无限的可能性，可助力其他学科知识的理解与建构。如果割裂了学科联动，学生就无法利用拼组的知识和经验破解其他学科的空间想象、审美表现等问题，以至于缩小了教学空间和领域。

　　因此，应把项目式学习与七巧板课程相融合，从学生的真实生活和成长需求出发，把生活中发现的问题提炼为活动主题，探索涵盖多种学科视域下的主内容择取、资源融通、学程推动的七巧板项目式学习实践体系，以助力学生核心素养的培育。

七巧板项目式学习主题图谱的建立

主题图谱对构建七巧板学习项目具有导向、激励、调节、控制等作用，是选择、实施项目式学习的前提和基础，也是提高整个项目科学性与实效性的关键。

（1）规划主题序列

七巧板的主题确立必须遵循儿童思维发展规律。小学是儿童思维的重大转折时期，思维的基本特点是从以具体形象思维为主要形式，逐步过渡到以抽象逻辑思维为主要形式，但仍带有很大的具体性。为此，在制定课程主题规划时，教师应对学生的思维进阶有较为准确的诊断，以便有针对性地制定规划。

学龄初期学生(7～8岁)：处在直观形象水平。对形象信息传递的客观形象进行主观识别，因此，该阶段七巧板主题以形为题，即多以直观的手段和工具创造和描述物体形象。

学龄中期学生(8～10岁)：处在抽象逻辑水平。这时期的学生虽以抽象逻辑思维为主，但仍带有很大的具体性。为此，该阶段七巧板以境为题，即在大量表象的基础上，进行高度的分析、综合。该主题往往侧重于情节性、审美感的表达。

学龄后期学生(10～12岁)：处在初步本质抽象水平。学生从事物直观属性中逐步解放出来，能够运用概念、判断、推理等思维形式，对客观现实进行间接概括。为此，该阶段七巧板以意为题，将抽象的主观情思寄托于具体的客观物象，该主题往往侧重情感、意趣的表达。

（2）转化项目主题

基本型主题。学科老师之间建立项目主题开发共同体，根据学生在学科学习中遇到的若干问题，进一步筛选整理，对可以立即解决的问题采用当堂完成的措施，对需进一步深入探究的问题则根据七巧板学习特点展开师生论证，如将可以匹配的主题转换为可操作的项目主题。

私人化主题。对同一主题，根据难易程度展开私人定制，供学生按需选择。

补偿性主题。着力于"补差＋固本"，主要针对学习能力不足的学生，对该学科的核心概念作出急救化的补偿，以知识固化为目的，以学习补差为导向。例如，人教版数学一年级下册"认识图形——有趣的七巧板"

教育，为成长提供支持

中，部分学生对基本几何图形的初步印象停留在大概形状上，并未真正了解图形的内部结构特征，为此教师确定"妙拼生活"主题，通过将七巧板组拼为动物、人物、美食、小车、小船、飞机等系列图形，在直观形象的物体中引导学生发现几何图形的组成，从而间接明晰图形之间的关联性。

发展性主题。着力于"延展＋培优"，主要针对学有余力的学生，对该学科的知识拓展作出变式匹配，以知识活化为目的、以兴趣培育为导向。例如，人教版语文三年级下册《守株待兔》，学生编排课本剧需要脚本支撑，为此可将"寓言故事的分镜头"作为主题，分别用一副、二副、三副七巧板拼出蹦蹦跳跳的小兔和墨守成规、不知变通的农民。在不断打破原有思维并进行重组的过程中，使学生发现故事的反复性结构，让学有余力的学生从一副板的拼组，逐渐进阶到两副、三副的组合。

综合性主题。着力于"兴趣＋特长"，主要针对学有余力的学生，既保持各学科原有知识结构、序列，又将各学科优势融为一体，以知识综合应用为目的、以生活情境适配为导向。例如，在学习科学六年级下册"在太空生活"主题时，教师可以结合天宫实验室的科学课直播，确定"妙趣横生的太空生活"主题，进行七巧板和绘画的融合性创作，融合性创作是建立在学生已有科学知识上的畅想和展望。

(3)架构主题图谱

根据学科问题的分步罗列，我对小学阶段七巧板学习主题做了谋划，建构了"跨学科创意七巧板主题图谱"。

该图谱可以帮助一线教师精准定位各阶段七巧板项目主题，使教师不但关注短线的精彩，而且关注短线背后的长程设计，提升学生的思维品质。

初级阶段，以形为题。在初级阶段，教师可以引导学生以外形简洁的"物"为探索主题，从具象的"物"提炼出抽象的"形"，让学生初步运用七巧板的几何关系，掌握拼图技巧。具体包括：植物、动物、生活物品、人物等，这类主题符合学龄初期学生的年龄特点和认知结构。

中级阶段，以境为题。在中级阶段，随着推理的抽象程度逐渐呈现，学生主要以空间塑造的"境"为探索主题，从"物"的配对组合中形成"境"，这个阶段适合学生运用七巧板的空间布局关系，掌握造境技巧，具体包括：自然环境、校园活动、家庭交往、社会场景等，这类主题符合学龄中期学生的认知发展规律。

高级阶段，以意为题。在高级阶段，学生对具体形象材料的加工进阶到对抽象材料的加工，通过它们传递出情、理、趣、韵、味，因此教师可以鼓励学生将抽象的"意"改造为具象的"境"，从而传递背后的"意"蕴情味。学生在创作的同时，可以表达自己对社会现象、道德标准、行为规范等多方面的思辨。这类主题符合学龄后期学生的认知发展规律。

要注意的是，筛选出的主题在实践中必然不断被优化、被认识，其过程是螺旋推进的，断然不能止步于该主题的单一开发。

七巧板项目式学习范式的开发

七巧板项目式学习是在真实的任务驱动中以"试"拼为先，通过组队参与，尝试多维度拼组来寻求问题的解决方案；在成果呈现时以"导"为要，通过若干个初试作品的甄别比较，提炼共性——恒定的核心概念、程式等，发现自变量——可改变的结构、色块等。由此，以"拓"为重，根据建构的知识继续衍生创造，开发出一系列能够解决问题的产品，进行二次分享。

（1）试——拼组列举

明确项目主题后，学生在独立研究思考后，开始组队讨论，尝试以多元化拼组的形式，如自由联想、属性列举、分合法、再定义等，运用科学方法和已有知识，探索问题的解法，并为小组争取荣誉。

例如，在"识别几何图形/探索组拼规律"中，两人一小组，合作完成拼摆、记录工作，最后交流各自拼出来的图形，小组根据各自的拼组成果进行汇报，教师发现不少小组按照 2 块、3 块、4 块的顺序拼图形，每拼出一种就在方格纸上做记号，很快拼成了平行四边形、三角形和梯形，而且相同的巧板能拼出不同的基本图形，不同的巧板能拼出相同的基本图形。

（2）导——甄别比较

将学生试拼的成果进行甄别比较，通过同类主题下的拼法对比，提取共同点。比如，第一个拼法具有某种特征 X，同时又具有另外一种特征 Y。此时如果已知第二个拼法也具有第二个特征 X 的话，那么可以推断出它也应该具有特征 Y。这样会使概念清晰地深植于学生心中。

以"识别几何图形/探索组拼规律"学习项目为例，学生通过观察，发现五块巧板组成的等腰梯形、平行四边形和长方形，由于中心板与梯形、

教育，为成长提供支持

三角形的摆放位置、方向不同，形成的基本图形也不一样，但其面积大小一致。由此探索图形之间的变化规律，图形和图形之间的联系，明确等积核心概念。

(3)拓——举一反三

明确了核心概念及其结构后，教师可以引导学生在该学习场景下以移一移、转一转、换一换等方式，用已有知识作图形类比，也可以转换学习场景，尝试学习迁移，举一反三。

仍以"识别几何图形/探索组拼规律"学习项目为例，继续引导学生在方格纸上移动图形，展开图形类比。第一步，要求学生以平移的方式把正方形移到相应的位置上，意在引导学生通过观察和操作，获取平移的知识；第二步，要求学生通过旋转45°至朝向相同，再进行平移，进一步感知图形恒定下的变化。

要注意的是，基本类型和弹性变式并不是孤立存在的，不会只是排他性的某一项活动的单独开展，而是多种方式的整体运用，从而真正作用于活动主体。

七巧板项目式学习实施策略的研究

七巧板项目式学习实施策略包括三个层级：初阶拟形、进阶拟境、高阶拟意，着力于思维的纵深发展。

(1)以形为题——拆分重组法

在初级阶段，为了培植学龄初期学生的对应思维、分类思维、假设思维，通过拆分、重组图形，使学生认知事物的整体与局部关系，并由此展开物与物之间的正向迁移。

整体观察：了解事物的组织结构及形象特征；

拆分结构：将事物的某个局部与七巧板中的图形进行匹配；

重组板块：在同一平面组合各板块，甄别发现事物的同质元素与异质元素；

迁移类比：根据事物的不同形态迁移板块，尤其注意板块组合的比例和移动的方向。

为了降低起始阶段的学习坡度，教师可以先从色块、线条较为明晰的对象入手，以便捕捉整体结构，为拆分重组提供参照依据。

例如，在联动美术课三年级上册的"奇妙动物园"主题项目中，教师让学生观看迪士尼动画片《小鹿斑比》，通过整体观察小鹿的外形后，尝试对小鹿的四肢、头部、尾巴、躯体进行拆分，并与手中的巧板——配对，有的巧板可以直接选用，有的还需要进行组合，在此基础上尝试将各个局部重组，最后，从不同拼法中发现事物的同质元素——四肢长，耳狭而尖，尾较短。

由此，通过对事物的拆分重组，使学生感知点、线、面的位置及其关联变化，通过思维形成纵向联动，拼组出小鹿奔跑、休息等不同姿态；或形成横向联动，引导学生由拼组小鹿到拼组成马、羊等有相同特征的动物，从而找到事物之间的类比关系。

（2）以境为题——布局重组法

在中级阶段，为了培植学龄初期学生的空间思维，可以使学生在以形为题的基础上，跳出点、线、面的限制，从上下左右、四面八方去思考物与物之间的关联，尝试将两种及两种以上的不同事物进行新的搭配组合，由此开展场景塑造。

确立场景：思考场景的指向与特征；

分解构成：确立场景的组织结构，发现场景中各元素特征及之间的关联；

布局位置：根据场景中各元素的关联，布局它们在场景中的位置；

迁移分格：对已有场景的元素作移动、旋转、添加等，通过迁移调整、分格切换，形成若干具有联系的场景集合。

图 3-5　以境为题——布局重组法

在开展场景塑造时，着力于对同一场景中的相关元素（事物、人物、动植物等）进行水平或垂直移动，作出方向、位置调整，培育学生空间位移下的演绎思维。例如，在道法课三年级上册的"幸福的一家人"主题项目中，教师先让学生聊一聊与父母相处的趣事，让学生回忆和表述后，便以"步入小学"为例进行场景分解，解构了人物和位置后形成第一幅图，由此再作分格切换。根据成长线索，依次确立牙牙学语、学习奔跑、步入小学、获得荣誉的四格场景，将原来第一幅图中的人物"移一移""转一转"，从而架构起三个主要人物的系列场景。

（3）以意为题——变形重组法

到了高级阶段，学生推理的抽象程度也在加大，为了提高学龄后期学生的思维灵活性，学校通过联动语文、美术学科特有的意境、意象，对场景中的元素做放大、缩小、拆分、叠加等局部处理，尝试传递出场景背后的意蕴。

聚焦情意：思考传达的情意理趣；

匹配场景：明确对应的场景，聚焦情意与场景的匹配；

适配元素：明确对应的元素，进一步聚焦情意与元素之间的关联；

变形处理：对场景中的元素做放大、缩小、拆分、叠加等局部处理，尝试传递出场景背后的意蕴。

例如，在语文课五年级上册"历史故事系列"主题项目中，"胯下忍辱"尽显勇者境界，智者风采。首先引导学生匹配场景与元素，用一套七巧板拼出城门，再用两套七巧板拼出韩信和痞子；其次，做变形处理，处理的难点在于如何表现"胯下"。破解之道在于打破惯性思维，让韩信列在痞子腿下的前后两边，这样看起来就像正在从胯下钻过。

以上三种实施策略，根据学生的思维进阶前后衔接、螺旋推进。在具体实施时教师需遵循"由一及多""由静及动""由简及繁"的迭代过程，帮助学生从一个走向一类，从一种活化多元，不断自我更新，发展学习能力。

跨学科七巧板项目式学习着力于学生思维方式的改变、思维品质的提升，促使学生思维方式由以具体形象思维为主过渡到以抽象逻辑思维为主，从而促进思维发展的质变。通过调动学生参与项目的自觉性与主动性，有效激活学生跨学科学习的动力机制。在2016—2021年奉化区的科技节和宁波市的科技嘉年华比赛中，我校项目组"智力七巧板社团"获宁波市七巧板团体赛一等奖10人次，三等奖20人次；获奉化区七巧板团体赛一等奖50人次，二等奖35人次；获奉化区七巧板个人赛一等奖28人次，二等奖36人次，三等奖73人次，成绩位居全区第一。

项目式学习与七巧板活动课程存在很多相似性，比如，在学习过程中都重视让学生在真实的生活情境中学习，重视学生的小组合作、批判创新、实践动手等高阶认知能力培养。学习内容都具有综合性、开放性、生成性等特点，强调学生在学习中的主体地位。项目式学习与七巧板课程活动的教育目标指向、教师教学方式、学生学习方式以及评价方式等特征都高度契合。由此可见，将项目式学习应用于七巧板活动课程，具有充分的现实可行性，其独到的价值和显著的优势，能够强有力地推动七巧板活动课程中师生教与学方式的共同转变。相信跨学科视域下的七巧板项目式学习必将为学生核心素养的发展发挥重要作用。

（此文与蒋莹合作撰写于 2022 年 7 月。）

描绘蓬勃生长的教育景象

∧
∨
∨∨
∨∨
∨∨
∨∨
∨∨
∨

　　课程是指学校学生所应学习的学科总和及其进程与安排。在西方，课程一词最早见于英国教育家斯宾塞（H. Spencer）《什么知识最有价值?》一文中。它是从拉丁语"Currere"一词派生出来的，"Currere"一词的名词形式意为"跑道"，这样理解课程，就是为不同学生设计的不同轨道，从而引出了一种传统的课程体系；而"Currere"的动词形式是指"奔跑"，这样理解课程的着眼点就会放在个体认识的独特性和经验的自我建构上，就会得出一种完全不同的课程理论和实践。综合来看，课程既是常规的、既定的，也是生长的、变化的；课程既要为学生铺就生命的底色，其自身也应该具有蓬勃生长的力量。

　　在我校教师和学生眼中，实验小学的课程，正展现着蓬勃生长的教育景象。

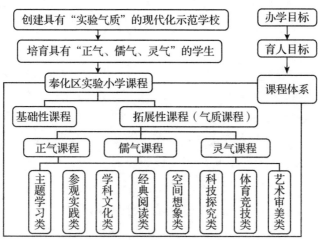

图 3-6　实验小学课程体系建构图

在构建课程框架之初，学校除了要开齐、开足、开好基础课程以外，还要适当开设拓展课程。在开设拓展课程之时，主要考虑以下几个因素：办学目标、育人需要、学生期待和课程资源。其中的前三个因素，归根结底都指向"学生立场"。

(1)办学目标

我们的办学目标是希望在社会各界的支持下，通过学校全体教职员工的不懈努力，创建具有"实验气质"的现代化示范学校。"正气、儒气、灵气"是学校的校风，也是学校倡导的"实验气质"。

(2)育人需要

我们以培养具有"正气、儒气、灵气"的学子为育人目标。在育人目标烛照下，结合对历届毕业生的特点分析，家长及社会对学生的评价，提炼出毕业生形象为"守规则、善学习、爱创造"。

守规则，意味着实验小学学生正直友爱、诚信守则；

善学习，意味着实验小学学生博闻广记、自信乐学；

爱创造，意味着实验小学学生智慧灵动、探索创新。

为此，学校课程建设的首要工作使命是建构具有"正气、儒气、灵气"的课程培养体系，在开齐、开足、开好基础性课程的同时，打造以"正气课程""儒气课程""灵气课程"为内容的拓展性课程，培养"守规则、善学习、爱创造"的学子。

(3)学生期待

通过对学生拓展性课程报名表的数据统计和分析，我们发现学生多喜欢实践与体验类的课程内容，有创新和探索的意识与欲望。因此，科技制作类、体艺特长类、参观体验类的拓展性课程更加受欢迎。

(4)课程资源

十年前，学样开设了数学类校本课程；2007 年，学校启动了多内容的校本课程建设；2013 年，以当时的三年级为模板尝试进行年段走班；2014 年，年段走班全面推展并试水"四点钟学校"；2015 年，年段走班施行长短课……作为宁波市课程改革样板学校，实验小学在师资、场地方面的资源已经相对成熟，在课程建设和课程管理方面，也都积累了一定的经验。

彰显"生命活力"的课程设置

每学年拓展性课程占总课时的比例为 15%，学校在设置"正气课程"

教育，为成长提供支持

"儒气课程""灵气课程"项目时，都在努力彰显其个性化的、能生长的、可选择的"生命活力"。

(1)各具特色的课程

正气课程——重在规则，旨在引导学生体验生活、了解社会，着重培养学生自我认知、团结协作、服务社会的能力。

儒气课程——重在学习，旨在引导学生广泛阅读并深度学习，打开基础性课程文化衍生面，培养学生求真务实的学习态度。

灵气课程——重在创造，旨在引导学生爱好艺术、强健体魄，着重培养学生艺术审美、科学探究、实践创作的能力。

三大课程都指向培养"守规则、善学习、爱创造"的实验小学学子，使学生具有正气、儒气和灵气，三大课程各有侧重又相互交融。例如，"灵气课程"下的"乐高积木""七巧板""小木匠"等项目，既锻炼了学生的空间想象能力、动手能力，也锻炼了同伴互助合作与沟通的能力。这三个项目虽然都侧重培养学生的灵气，但同时也滋养了正气。

(2)一以贯之的生长

一以贯之是一种承接，一种延续，更是一种负责任的态度。实验小学的课程体系在建构时，从办学目标、育人目标到课程设置，就是一以贯之的，目标聚焦统一。

在具体设置课程时，课程内容也是一以贯之的、有层次的。

首先，全校参与。在正气课程中，大多数项目都是全校学生共同参与学习的。如一到六年级的成长课程，一年级入学季的关键词是"自理"，二年级分享季的关键词是"分享"，三年级悦纳季的关键词是"悦纳"，四年级成长季的关键词是"理想"，五年级践行季的关键词是"责任"，六年级毕业季的关键词是"感恩"。一个年级一个关键词，一年一个成长节点。

其次，全校招生。这类课程项目面向全校学生，学习内容层层递进。例如，学校传统特色项目"点墨留痕"，一、二年级侧重学习硬笔书法，三到六年级主要学习软笔书法，四个学年中，软笔书法的书体和要求也各有不同。又如"七巧板"项目，一、二年级是年级走班，由年级组内的教师承担教学任务，侧重基础教学和模仿；而三到六年级是校级走班，由学校特色教师承担该项目的教学，侧重提高和创造。

(3)多种维度的选择

在设置课程时，力求赋予学生最大化的选择权利。

一是学习内容可以选择。学校要求教师"专研一门胜任两门"，事实上，绝大多数教师都能在认真承担课程教学工作外，有主动开发课程的意识，并取得一定成果。目前，我们实验小学的教师开发并承担了现有拓展课程83％的教学。为满足学生的需求，学校又外聘了退休教师、有特长的家长义工等，共开设了60个教学班的拓展性课程教学项目。

二是学习阶段可以选择。在不同的学习阶段，学生都有去留的自由。比如，"儒气课程"下"朗诵与表演"课程，"灵气课程"下的"飞针走线"课程，虽然面向全校招生，但学生可以选择坚持到底，学完六年的课程内容，也可以从中途学起或是退出。

三是学习时间可以选择。学校除了在周三、周四的校本课时间开设拓展课以外，还在大课间、中午休息时间和放学后提供托管服务，给学生提供自主活动的场地，并配备教师对学生进行指导、管理。如此一来，学生就不会出现因时间冲突而无法都选择喜欢的项目的状况。

体现"成长记录"的课程评价

(1)基础性课程凸显"过关＋"

学校在每个学期期中，都设置了学科活动月，以过关、竞赛、展示等方式，培养学生的学科基本素养，同时为表现好的学生提供更高的挑战平台，激发他们进一步攀登学科高峰的兴趣。

(2)拓展性课程重在"成长＋"

每个学生在六年学制内，采取"坚持爱好、广泛学习"的方式选择三类课程中的多个项目，教师结合学习纪律、学习效果等对学生进行评价。

每学期期末，每个项目都会评选"优秀学员"，同时充分利用各种资源，搭建各级各类展示平台，如"校园四节"、升旗手展示、校园小舞台和学生校长评选等，展示学习成果，促进学生综合素养的养成。学生修满学分后，就符合了评选校"优秀毕业生"的必备条件，学生可以在毕业时向"优秀毕业生"荣誉称号发起冲刺。

让学校适应学生，而不是让学生适应学校。无论是拓展性课程的建设，还是基础性课程的改革，实验小学都希望通过搭建丰富、个性、可供选择的课程平台，创设适合师生共同发展的教育通道，培育具有正气、儒气、灵气的学子，在美丽的校园描绘一幅蓬勃生长的教育图画。

(此文与李秀蕾合作撰写于2018年9月。)

第四章
教学贵在支持

英国教育家怀特海（Alfred North Whitehead）在《教育的目的》一书中首次提出"惰性知识"这个概念，用来形容那些缺乏生命力、无法灵活运用于现实生活、没有使用目标、不能解决问题的知识。与"惰性知识"相对的"活性知识"则是以深度理解为基础的，是有活力、可建构、跨学科的知识，既能相互连接，又能解决问题，能孕育、发展出新的知识，更是终身学习的必要条件。这就意味着，在教学中，我们应该使学生建构起深层的、灵活的、有用的"真知识"，促进知识技能的广泛迁移。

实现这一目标是一件充满挑战的事。为此，我希望教学是对学习的"支持"，是要在更深的层次上加强知识教学，把知识建构作为教学的焦点，培养学生在真实的情境中综合运用知识解决问题的能力。

"教学支持"就是根据学生身心发展特点，有选择地为学生提供材料、创设环境，触发学生的思维等，并促进学生与外部客体的交互作用，促进学生自主性发展。

　　以语文课堂为例，我倡导的"链接·支援式"教学，就是通过支援策略的实施，把语文知识建构直接放在课堂上，把握学习内容的各个元素的联系和学生的现有学力，让知识与能力、思想和素养共通。

享受读书

　　"读书好，好读书，读好书"是儿童文学作家冰心的名言，包含了她对读书的热爱、对读书意义的认知和选书的标准，这也是教师、家长们对孩子们的殷殷期望。如果一个人能真正喜欢阅读、爱上阅读的话，那他一定会从中受益。但愿望虽好，让孩子们爱上读书有时却也难，这常常令教师、家长束手无策。

　　我因为教语文，所以爱上了读书，渐渐地，读书成了一种享受。于是我有一个心愿，让孩子们也爱读书，享受读书的乐趣。

　　课本里多的是值得一读的文章。有的气势磅礴，有的玲珑精致，有的悬念迭起，有的平中见奇。尤其是那些感人的文章，我喜欢深情地读给孩子们听，《小珊迪》《了不起的女孩》《采蒲台的苇》……读着读着，我如入其境；听着听着，孩子们入迷了。于是，孩子们捧着书，动情地读起来，书声琅琅。看着这样的场面，我莫名地联想到一位早起的农妇左手挽一只装食的笸箩，右手不住地给满地的鸡雏喂食，毛茸茸的鸡雏津津有味地啄着米，叽叽叽地叫个不停……也真难为了孩子们，在热闹的书声中要与文中的主人公对话，不过，我相信此刻他们已进入一个空灵的世界。那里鸟语花香，那里真情流淌。

　　是朋友就该分享快乐。读到精彩的篇章，我愿与这些可爱的小朋友们一起品味。学完《伟大的友谊》，孩子们还无法真正地感受那一份远隔千山万水、相距一个多世纪的友谊。我不禁想起前几天闯入我心扉的《铺床的少年》。作家刘心武在文中娓娓地叙述着发生在儿子远远与同学间的一个故事，希望自己的孩子能够铭记那一份难得的友情。我赶紧拿来书，读给孩子们听。起先，课堂里并不十分安静，也许冗长的引入不能引起他们的兴趣。渐渐地，孩子们不再有其他的动作，都望着我认真地听着，此刻教室里是那样寂静。我生怕读错一个字，唯恐不小心打上一个磕巴冲淡文中的那一份情。"远远啊，你说，胡涛是你最好的朋友，你是随随便便地一说，还是认认真真地用你的心在写下朋友这个字眼？……远远啊，也许是你爸爸也渐入老境中，喝过了人世上那么多种不同配方、不同颜色、不同滋味的酒类和饮料后，如今最渴望的往往倒是一只没有任何雕饰的粗玻璃杯中的一掬无色透明素淡无味而洁净平和的白水……"①文章读完了，可孩子们依旧沉默着。静寂中，他们的脸上写满了感动。在那一刻，我在黑板上认认真真地写下了刘心武的随想"读好书，是灵魂的深呼吸"。孩子们读着，并记了下来。似乎已懂，也许不懂。但我相信他们以后一定会懂。

一学年过去，孩子们读书的兴趣更浓了，阅读的速度也明显加快。我从校图书馆借来一批批的书供他们挑选。每当这时候，我们的课堂热闹得胜过拍卖会的现场。我会举起一本书，大声地报着书名，并不失时机地推销一番，给手中的书做几句广告。被这本书吸引的孩子便把手举得尽可能高过其他的小手，口里喊声"我要"，那一刻，看着孩子们一张张表情生动的脸，我觉得他们是那样纯朴，那样可爱。

还记得我举起《罗密欧与朱丽叶》小说缩写本的那一刻，孩子们都"咦"的一声放下了手，我不由得笑出声来，笑他们的幼稚与成熟。不过令我意想不到的是，竟有两名女生大胆地举起了手，其中一名昂首阔步地走上台，大方地拿走了书。这下，孩子们又都笑了。

读书的日子久了，孩子们会主动地与同学换书看，隔几星期会要求我换一批书。我想，书已成为他们学习生活中不可缺少的精神食粮了，他们已拥有了更多无声的老师。为了与他们更好地交流，我也抽出更多的时间看书。其间，我与孩子们享受着读书的快乐，交流着，分享着……

是什么唤醒了孩子们读书的热望呢？回想让孩子们喜欢读书的这段经历，我们不难发现其中的奥妙。学生是有血有肉的人，教育的目的是激发和引导他们的自我发展。激发和引导学生向往读书，乐于学习，是对学习最好的支持！

（此文发表于 2004 年第 10 期的《语文研究与教学》，收入本书时略有修改。）

---

① 刘心武：《刘心武文集》第 7 卷，120～121 页，北京，华艺出版社，1993。

搭建通向成功的脚手架

　　五年级的语文课文中有一篇夏衍先生的《种子的力》(人教 1988 年版)，文中有这样一句话："只有这种草，才是坚韧的草。也只有这种草，才可以骄傲地嗤笑那些养育在花房里的盆花。"备课时发现句中的"嗤"字是个难写的字，并且对于我来说也是个生僻字。在教学参考书没做书写提示的情况下，我一时确定不了"嗤"字的笔顺，于是我求助字典。从部首查字法中知道了"嗤"的笔画数，笔顺的问题也就迎刃而解。第二天教学这个字时，我便对学生说："这'嗤'字，老师也是昨天刚学的，这字该怎么写，我还是请教了字典才弄清的。"话音刚落，学生们已迅速翻起了字典，经交流，学生已正确掌握"嗤"的笔顺，问及方法，有与我同出一辙的，也有自创的：查到这字后，看看字典里的宋体印刷字，便能清晰地看清字的笔画。看着学生的得意神情，我不觉疑惑，到底是什么力量使五年级的学生竟为学会一个生字而那么高兴？

　　几分钟后，我再次看到了学生那种异常愉悦的神情。

　　《种子的力》中有这样一段话："没有一个人把小草叫作大力士，但是它的力量的确谁都比不上。这种力是看不见的生命力。只要生命存在，这种力就要显现。上面的石块丝毫不能阻挡它，因为这是一种长期抗争的力；有弹性，能屈能伸的力；有韧性，不达目的不止的力。"在课文学习过程中，学生交流了对课文的理解，其中对这段话中的"抗争的力"提出了疑问：种子的力、小草的力为何成了一种长期抗争的力？确实，这是本课学习的难点，如果不了解文章的写作背景，成年读者也会无法理解的。我卖了个关子："你们需要老师给你们提供什么帮助？"学生在看了课文前的"学习提示"后，要求我为他们提供课文的写作背景。我肯定了他们的选择："确实，作者写的文章与当时的时代是有紧密联系的，我也是从写作背景中真正读懂了课文。"我随即通过访问"夏衍博物馆"网站出示了写作背景：《种子的力》是夏衍 1940 年在桂林主持《救亡日报》时写的一篇杂文。当时正处于抗战时期，全国人民在中国共产党的领导下，奋起抵抗日本帝国主义的侵略。学生阅读后自发地讨论起来，精彩的答案、流畅的话语迅速奔涌出来："抗争的力其实是中国人民反抗日本帝国主义者的力。""这里的种子、小草是指敢于抗争、勇于抗战的中国人民。"看着他们无法抑制的自豪，我明白了那是一种成功后的快乐，收获后的喜悦。

在这两个环节的教学中，我的话很简短，只是告诉他们我是怎样学的，我是通过什么方法解决问题获得知识的，我所做的只是应他们的要求提供他们所需要的学习材料。而这几句话和这一份材料显然比直接告诉他们问题的答案或命令他们怎么去做要有效得多。学生在教师的学习方式的影响下通过自身努力圆满地解决了问题。也正是付出了自己的努力，他们更有一份成功的喜悦。从本节课的成功之处我发现了学生的学习喜好：学生非常欢迎这种"支架式"教学，喜欢老师与他们交流学习方法，期待老师提供学习路径，然后通过自己的努力获得成功，而不是方法的说教和知识灌输。

学生不是被动的知识接受者，而是积极的信息加工者。如果我们把知识分割成阶梯状，学生不喜欢我们把他们抱到一个阶梯上，而更感谢我们引领他们通过自身努力迈上一个台阶或为他们提供一根迈步的拐杖。文中那"长期抗争的力"，那"小草"，那"石块"，那"盆花"，那原本不懂和懵懂的一切都是他们在老师学习方式的影响下，借助必要的学习资料，通过自己努力解决的，他们体会到了这是一种真正的学习。相比于探索的结果，他们更重视探索的过程。如果我在教学"嗤"字时直接板书这个字的写法，或明白地告诉他们从字典的部首查字中去了解笔画数，去分辨字的笔顺，可以预见那时的学习气氛会是怎样。看来，作为老师，弯下腰用平等的身份"影响"学生，比起高高在上地说教来，效果好得多。

假如我们把学生看作一座建筑，那么学生的"学"是不断地、积极地建构着自身的过程；而老师的"教"则是一个必要的脚手架，支持学生不断地建构自己，不断建造新的能力。为师者就是要以"自己的学习方式"

为示范，以"必要的学习资料"为建材，为学生的发展搭建好脚手架，通过脚手架的支撑作用，不停地把学生的智力从一个水平提升到另一个更高水平，真正做到使教学走在发展的前面，从而达到"道而弗牵则和，强而弗抑则易，开而弗达则思"的教学境界。

（此文发表于 2003 年第 22 期的《教学论坛》，收入本书时略有修改。）

1989 年我参加工作，在经过两年的教学适应期后，我有幸成了黑龙江"注音识字，提前读写"(简称"注提")教学研究实验的实践者。说"有幸"是因为，当初学校同年级四个班级中只有一个班使用"注提"实验课本，称为"实验班"。从科研的视角看，实验班并不一定具有先进性，但在家长和同行眼中却是响当当的"尖子班"。对于担当实验任务的我来说，这既是一个荣誉又是一项重任。这项特殊的任务给了我研究的动力和思考的习惯，使我迈上了成长的快速通道。印象尤其深刻的是，与课本相配套的同步阅读使学生如蜜蜂采蜜一般沉浸于课外阅读中，也使我探索着拓展阅读的最大效度，并逐渐由重文本联系走向重思维联系的链接式阅读教学。2001 年到 2010 年，近十年的理论研究与实践探索，使得链接式阅读教学在锤炼中趋向成熟。链接式阅读教学为学生学习语文制造了一个新的增长点，拓展了学生的阅读面，提高了学生的阅读质量，促进了学生阅读习惯养成，提高了学生的阅读能力等，推进了关注阅读增量、思维发展、生命成长的新课堂文化形态的形成。链接式教学模式经历了四个明显的嬗变过程。

拓展，延伸阅读

从 20 世纪 90 年代末开始，提高小学生阅读量，激发学生课外阅读兴趣受到小语界的高度重视，其中从课内阅读出发开展拓展阅读是研究的热点，宁波市小语会在开展拓展阅读研究中，组织一线教师编写教材配套读物《拓展阅读精粹》，我有幸参加了其中几册的编写。其间，广泛的收集、阅读、编写使我汲取了丰富的营养，阅读成为我的生活常态。在阅读熏陶中，我开始与学生分享阅读的精彩，体验阅读的喜悦。

在学习《燕子》一文时，学生从课文中读出了小燕子带来明媚春光和勃勃生机。由南方回来的逗人喜爱的小燕子，任情地横掠斜飞，飞倦了就返回一年前的旧巢安身。学生在阅读时想象在美好季节中小燕子欢快地迁徙，并与春天融为一幅美丽图画的画面。我由篇及书进行拓展，在课末出示与课文相关的原著节选，让学生配合课文阅读。"《燕子》一文节选自郑振铎的《海燕》，读读下面的这段话，你觉得这段话仅仅是赞美燕子的可爱伶俐吗?"学生品味着《海燕》文末那意蕴深长的"乡愁啊，淡淡如轻烟似的乡愁"，品味出另一种情感：浪迹天涯的游子对祖国和故乡魂牵梦萦之情。我再次通过屏幕推荐学生阅读《别了，我爱的中国》。学生们在拓展阅读中解惑：郑振铎为了革命的需要远走欧洲，乘船前往法国巴黎。途中看到海燕，引发绵绵乡思，这是浪迹天涯的游子对祖国和故乡魂牵梦萦之情，与"别了，我爱的中国"有着同样的眷恋。课后，我又推荐学生阅读郑振铎的《离别》。这种链接原著的放大式延伸阅读，不仅对解读课文有很大帮助，而且还能培养学生课外阅读的兴趣，成为课内外结合的阅读纽带。

偶然的成功使我欣喜若狂，我尽量在每课教学后安排拓展阅读，以激发学生的阅读兴趣。例如，学习冯骥才的《花的勇气》，我给学生打印了《维也纳春天的三个画面》全文，让学生品味文中"一枝缀满花朵的红玫瑰……竟然悄无声息地又如此辉煌地进来了"带来的震撼；学习《凡卡》，我推荐学生阅读《渴睡》；学习《杨氏之子》，我推荐阅读《世说新语》……随着实践的深入，我把拓展阅读的材料从文本扩展为网站、图片等多种媒介。这一系列的实践操作也成为链接式阅读教学实践的重要方式之一，在实施教材教学的基础上，抓住文本中的某些有价值的链接点，从中挖掘有意义的课外材料与教学内容相印证，为拓展阅读创造条件，为拓宽学生的阅读视野和增加学生的阅读积累，提供有力的支持。

引入，丰厚文本

思想总在实践中得到螺旋提升，创造、锤炼、验证、反思、疑惑、顿悟……，新的疑惑促使我进行深入地实践。教学目标有其规定性，文本自身也有其规定性。阅读教学既不能任意抛弃文本自身的内涵，也不可肤浅认识文本的内涵。当拓展阅读使我们的教学如一艘扬帆远航的船，载着学生远离了文本时，我们开始思考如何使课内外的阅读真正融为一体。2001 年 10 月，我以《滥竽充数》为教例进行新的探索。由于成语故事篇幅短小，拓展阅读成为必要的教学手段。我从网上搜索了大量相关资料：古文《滥竽充数》，有关《滥竽充数》的连环画、录像片，近义的成语故事《鱼目混珠》及学生想象作文《南郭先生下岗后》等。在资料组合安排的数量与时机的变化中，拓展阅读经历了一次大的嬗变，走向了具有鲜明探索风格的链接式阅读。第一次设计为：学习课文—看录像复述故事—拓展阅读文言文—拓展阅读《鱼目混珠》—构思想象作文。经过三个月的教学实践探索，设计完善为：看图写成语(图片链接)—学习课文(录像链接：突破重点句的朗读)—解读文言文(文言文链接，文白对照)—看文言文复述故事—读句写句(生活情境链接)—拓展阅读《鱼目混珠》。在这次实践探索中，教学实现了三个改变：一是在资料引入的时机上有了改变，不再是课后的推荐；二是资料引入的功效有了拓展，从单纯的激发兴趣、拓展数量变为以丰厚文本阅读为主，增加阅读量为辅；三是教学形态发生改变，从割裂走向融合。三个改变不仅保持了原先拓展阅读的优势，而且使学生更充分地咀嚼词句，沉浸于文本语言中。2002 年 7 月，我在全国"注提"教学实验改革 20 周年课堂教学竞赛中执教"滥竽充数"一课并获得特等奖。赛后，组委会在颁奖会上郑重声明，由于本次教学竞赛中郭昶等老师的教学风格鲜明、理念创新，特改变原先奖项设置，在一等奖基础上设立特等奖两个。链接式阅读教学模式雏形渐露。

　　从三个改变中，我发现由于各个文本的独特性，链接式阅读教学在实际操作中有着丰富多样的教学方式。在之后的几年实践中，我尝试总结出由篇及书、追源探微、多维求异、由点及面等延伸链接和同一题材比较、同一意境比较、同一写法比较、同一作者比较、同一体裁比较等比较链接，在链接材料、时机上进行了多向探索，研究逐渐深入。同时，我先后参加了由浙江少年儿童出版社出版的《半小时阅读》、浙江科学技术出版社出版的《阅读与表达》等编写工作，丰富了自身的阅读积淀，为开展链接式阅读教学奠定了扎实的基础。

搜索，自主学习

　　反思是前进的不竭动力。经过几年的实践，我切身的感受是学生喜欢阅读了，语文素养得到综合性提高。然而静心反思，教师的成长比学生更快，学生似乎永远走在我为师者的后面。从教学流程看，解读文本产生疑问的是我，收集资料整理信息的是我，学生更多的是在多种文本解读中提升主题、升华自我。课堂是生命共享的场所，教学是生命间的对话与交流，何不让学生亲身经历解读生疑、收集资料、个性发展的过程呢？尤其是从学生的能力发展思考，小学中高年级学生完全有能力完成从教师提供资料到自我探索解读的跳跃。

2004 年，我设计的"种子的力"一课入选浙江省"百课万人"创新课。2005 年 3 月我正式开始对该课的打磨锤炼。根据省教科院的活动理念，创新课必须体现鲜明的教学风格，我开始总结前几年的实践探索经验，深入研究，提炼课型。经过四个月的努力，链接式阅读教学模式成形，基本操作模式为：文本解读—链接加厚—资料解读—主题提升。2005 年10 月，在省第六届"百课万人"创新教学观摩活动展示中，我执教了"种子的力"一课，充分展示了链接式阅读教学的魅力。

这一堂课得到省教科院专家朱永祥副院长、王健敏博士的高度评价，著名小语专家周一贯老师评价道："在新课程背景下如何让阅读教学为'人生大阅读'奠基，郭昶同志的链接式阅读教学无疑是一项很有价值的探索，《种子的力》教学设计，正是其中一个颇有说服力的案例。《种子的力》特殊的时代背景和蕴意深沉的文章主旨，决定了相关阅读材料的链接，绝不是可有可无的点缀，而是解读文本之必须。郭老师正是在这个不可或缺的生发点上，引入了关于课文写作背景的一段阅读资料，为感悟'抗争的力'所必须，又组织了对《白杨礼赞》两个片段的印证参读。由于教者准确地把握了以课文为本的适度'开源'，使拓展阅读不仅无叠床架屋、喧宾夺主之弊，而且有机地融入解读文本之中，成为学生亲密拥抱文本，在学语习文中激发情感体验的必需。显然，正是因为有了这些参读材料的拓展，教师才能引领学生品赏'挺''钻''透''掀'这些描述种子的力的神奇的字；'有弹性''有韧性'……这些礼赞抗争的力的伟大的词，更显了课文语言的张力和魅力。而以课文为中心的多种阅读材料的组合，又因其主次分明、详略有别，使郭老师的组织引导，真正体现了布鲁纳'脚手架'理论，十分有利于学生在阅读教学中自主建构，他们不再是被动的知识接受者，而是积极的信息加工者。链接式阅读活动，已不是单一地让学生阅读一篇课文，而是同时让学生接触广阔的阅读世界，获得搜索相关信息、交互参照研究、综合应用资源等十分重要的现代阅读能力，为从课堂小阅读通向人生大阅读，做了有益的起飞准备。"

有了典型案例的成功，我尝试根据学生能力发展的不同阶段，在链接式阅读教学基本模式基础上探索三种具有发展梯次的变式，即示范链接、协商链接、自主链接。2006 年 1 月，我被中央教科所课标教材课题办公室聘为小学语文讲师团成员，3 月，应邀赴山西、河南、云南等地执教《滥竽充数》《那片绿绿的爬山虎》《国旗和太阳一同升起》等课，展示链接式阅读教学基本模式下的不同变式。其中在《那片绿绿的爬山虎》一课教学前，让学生通过预习生疑、自主收集链接材料等，解疑共享学习成果。学生们有的收集了叶圣陶的《爬山虎的脚》的解读课文命题独特内涵的片段；有的收集了肖复兴的成长之路，解读课文难点"我十五岁时的那个夏天意义非凡"；还有的收集了肖复兴回忆北大荒插队时与叶老父子的书信交往片段，使全班同学共享了那份深深的情。学生在课堂中充分享受自主学习、交流共享的快乐，达成教师、学生、文本和谐共融的交流场。链接式阅读教学所展现出的课堂形态受到当地教育部门和听课教师的较高评价。

链接，激活思维

当信息材料的链接在内容、时机、方法上逐步完善，学生的课内外阅读从量变逐步走向质变后，如何使链接式阅读更具促进学生思维发展的价值呢？我从链接材料的扩展上看到新的研究点。从最初的文本资料链接到音像资料链接，从作者的人生感悟链接到学生的生活体验链接，这其中"链接"的内涵既深刻又简单。链接，即抓住一切有效的联系，链接式教学目标不仅要深入解读文本，而且应通过链接加强语文知识间的联系，激活学生思维，促进学生的思维发展。

对链接式教学的本质有了清晰的认识后，理论研究与实践探索就可以突破高原平台，进入一个新的天地。2007 年 5 月，我开始探索"花的勇气"一课的链接式教学。一切景语皆情语，课文中"泛滥""改天换地""神气十足""傲然挺立""拔地而起"等词有着强烈的感情色彩。我抓住课文的语言特色确定教学重点，即品味词语的感情色彩，以此为目标展开设计与教学。

"花的勇气"一课最后两段既有对维也纳春天花景的描写，又有作者看过花景后怦然一震的感动与领悟。"……我惊奇地想：它们为什么不是在温暖的阳光下冒出来，偏偏在冷风冷雨中拔地而起呢？小小的花儿居然有如此的气魄！我的心头怦然一震，这一震，使我明白了生命的意味是什么，是——勇气！"在教学中，我引导学生链接生活体验，通过"想象—思辨—想象—思辨"来达到教学目标。我先让学生读最后一段，说说花有怎样的勇气；接着引导学生链接生活经验，想象"在冷风冷雨中拔地而起"是一种怎样的景象，学生通过链接上文"傲然挺立""改天换地"等词，想象雨中花开的景象。之后，我再次引导学生链接生活经验，想象"拔地而起"，学生们说："我们以前看到过万丈高楼拔地而起，危峰兀立拔地而起，拔地而起的都是该让我们抬头仰望的，一朵朵小花又怎能拔地而起，值得我们去仰望呢?"在这样的链接思辨活动中，学生深刻领会作者通过这带有强烈感情色彩的词语表达自己被那份力量与勇气深深地折服了。在此基础上，我让学生说一说自主链接，想想哪些生命也有这样的勇气，并要求仿照"在冷风冷雨中拔地而起"的句式概括地表达植物的勇气，学生在述说"种子、梅花、松树"的勇气后深刻领悟了生命的意味，领悟到这不只是作者的眼前一亮，更是心头的怦然一震。

在本课的链接式阅读教学过程中，我通过激活学生想象与思辨——阅读思维中两项重要能力，通过融合联动，让学生形成和谐的阅读状态。在阅读活动中，学生既"披文得意"，又"运思及物"；既重视吸收，又重视表达；既重视认知，又重视实践，完成"意化"和"物化"的双重转化过程。

之后，我又以"纪昌学射"一课在浙江省首届东南沿海地区青年教师阅读教学大赛中展示链接式教学，通过对比思辨、拓展运用让学生更充分而深入地感知、理解、评价、创获文本，促进学生良好的语文素养的形成。

实践探索且行且思。在原有的教学模式、教学变式探索总结基础上，我探索完善了"链接—体验""链接—思辨""链接—拓展""链接—运用"课式，使链接式阅读教学的研究与探索得到新的发展和完善。

教学探索永无止境，问题反思层出不穷。我继续在反思中行走于课堂，与学生一起在链接式阅读中丰厚生命的营养，倾听生命拔节中幸福成长的声音。

（此文发表于 2012 年第 12 期的《语文研究与教学》，收入本书时略有修改。）

作文超市

在以往的作文教学中，唯有写的过程是学生经历最多的。写前的构思来源于教师的启发诱导，写后的批改与评价更是教师的工作了。教师忙得不亦乐乎，学生的作文水平却提高甚微。究其原因便是写作的完整过程只是教师在经历。我不禁反思，何不让学生经历一个完整的作文过程，尤其是经历写后的评价欣赏过程呢？于是，我尝试举行了一次"超市式"作文欣赏活动。

课始，我给学生发了没有批改过的作文本，对学生宣布本节课的活动规则："同学们，今天，我们要举办一次'作文超市'活动。每个同学将得到两张写有'优秀作文'字样的奖杯图案，也就是特殊购物券。你在教室里可以自由阅读同学的作文，在阅读完10篇左右的作文后，最终作出决定，把两张特殊购物券分别贴在你欣赏的作文上。最后看哪个同学的作文能成为本次超市购物活动中的畅销作品。"紧接着，我又对学生提出建议："为了吸引大家的目光，允许同学们上台来为自己的作文做一分钟的广告。"这时，胆大而自信的同学上台简单介绍了自己颇具吸引力的作文题目和独特的作文题材。随后，作文超市正式开张。

在近20分钟的活动时间里，学生们静心地阅读欣赏着作文，读完一篇，又转向另一篇，继续阅读欣赏。

在交流活动的最后10分钟里，我根据得票多少揭晓了本次作文超市中受欢迎的"十佳"作品，并请这些作者上台朗读，在同学们的静心倾听中，本次作文超市落下帷幕。

几天后，"作文超市"的作品成了许多学生习作的题材。他们在文中表露了自己的独特感受。通过这些真实记录学习生活的作文，我感受到了这次活动带给他们的崭新冲击，更反思了作文评价欣赏活动中的学生参与价值。

一是凸显了学生作文的阅读价值。在以往的作文教学中，作文以接近密封的方式来到教师的笔下，经过教师对字词句的圈点再回归到学生的手中。如果不是最佳习作，它们便很难再有第三位阅读者。而"作文超市"活动改变了这些作品的命运，让它们有了更多的机会亮相于全体同学面前，使一个个字眼、一句句话语进入同学们的阅读视线，实现了作文被人阅读的实用价值，使读者与作者产生共鸣，形成学生间的交流场。

二是巩固了学生自主学习的地位。新课程理念要求教师实现角色新定位，即教师成为学生的促进者，从课堂教学形式来说，就是要实现"教师搭台、学生唱戏"。在教师精心营造的作文超市中，"一票在手，尽得自由"，学生自主学习的权利得到了回归，他们能自由选择其他同学的作文进行阅读，能在阅读中享受独特的情感体验，能按照自己的喜好评价其他同学的作品，能为自己喜欢的作文投上欣赏的一票。

三是提高了学生的欣赏评价能力。欣赏评价能力是学生应该具备的基本语文素养之一，在以往的作文讲评课中，教师往往选一两篇典型作文进行讲评，学生的欣赏评价充其量只是在教师大意见下展开的小争鸣。现在，有了大量阅读欣赏的机会，学生在阅读了一定数量的作文后，就能在实践中进行比较区别，真正做到以参与求体验，从而领会同学习作中的妙处，发现习作中的瑕疵。学生在文中写道："小群的《风筝赛》吸引了我，我仔细地阅读起来，他真实地把各个同学放风筝的样子细致描写了出来，把我那时连拉带拽的样子也写得栩栩如生。""小壬的《和鳄鱼合影》写得可真精彩，嗨，读着读着，那惊心动魄的情景就呈现在眼前了。"这样，学生在阅读实践中提高了欣赏评价能力，得到了真正的发展。

四是培养了学生的写作反思意识。多写多练能提高学生的写作能力，但学生在一次次不同题材的写作中经历的是近乎类似的过程，很少有对自己写作活动进行反思的机会。现在，为了吸引同学的目光，得到同学的欣赏，学生开始自觉地考虑作文选材的独特，斟酌作文命题的奇巧，揣摩用词造句的精妙。"评比结果出来了，我有幸排在了前十名。不过，我也认识到我的作文题材不新颖，以后还得加紧努力呀!"作文超市特有的评价机制使学生有了写作反思意识,在一次次的思考中他们自觉改进了写作方法。良好的写作反思习惯的养成将会大大提高学生的写作水平。

五是"超市式"课型拓宽了学生体验、实践、交流的空间,提供了自主学习的平台。在这自主的时间里,他们有了更多锻炼、提高、发展的机会。一名学生在习作《逛"作文超市"》中写道:"来到好朋友小远的座位前,读了他的文章《巧算 24 点》,一次紧张刺激的比赛在他的笔下是那样平淡乏味,但心想,好朋友嘛,就帮帮忙吧,犹豫间又心想,写得又不怎么好……最后,我选择了公正,没有投他的票。"在这样的空间里,我们看到的不正是课标所要求的"良好的个性和健全的人格"的和谐发展吗?

(此文发表于 2003 年第 6 期《教学案例》,收入本书时略有修改。)

由"例"入"理"

2009 年年初，为响应城乡教育均衡发展的号召，我从实验小学被调往莅湖镇校任校长。在实验小学任教时，就总听城区初中语文教师感慨，农村小学生的作文水平比较差。现在，来到乡镇小学工作，我针对农村小学生习作能力弱的实际情况开展了教学调研，除了自身兼任两个班的习作课外，还听了全校教师的习作课。我发现可以将日常的习作教学概括为三种教学形态：一是固守"先导后写"的教程，这样会使学生习作缺少自主空间；二是崇尚自然生长，弱化教学力量，过于放手导致"有写无导"；三是"导而无法"，单一教学与学生多元化需求往往不匹配，使习作教学收效很小。通过课堂观察，我仔细分析了上述三类教学形态：教师共有的教学行为是以讲授为指导的主要方式，以点评学生习作为对自主的保证，以范文为唯一的教学辅助力。"单一示范"成为教学行为的全部特征。这样的教学行为无法为不同个体提供广泛的可选择的支持，无法真正启动学生的自主思考，三种形态都没给学生提供有效的指导。

在小学生习作活动中，怎样的教学行为既能保证学生习作的自主活动，又能保证教师的有效指导呢？基于调研分析，我认为必须给学生习作提供有力的支持，从而改善习作过程中学生深有体会却"难以言表"的困境。

根据布鲁纳的"脚手架"理论，为帮助学生借助脚手架穿越"最近发展区"，教育者要努力达成三个要求：一是做学生学习的辅助者；二是关注学生的发展水平；三是创建有层次、多样化的教学辅助形式。学生在自主习作中积累的语言知识与方法均处于较强烈的需支撑状态，需要的是从取材、构思、起草、加工等环节中获得写作素材、写作语言等可选择材料。因此，在学生自主习作过程中，教师的教学行为可以从传统的讲授、示范、点评转化为为学生获得可选择材料提供支撑，这种提供可选择材料的帮助方式可以被称作"资源支持"。"资源支持"不是统一的指令与替代，而是化理性、抽象的讲授为感性、具象的可选择材料，为学生提供广泛的启发和个性化的选择空间，由"例"入"理"，为学生自主习作能力的提升提供一条新路径。

于是，我带领团队开展了"农村小学'经典引领式'习作教学实践研究""农村小学'言语支援型'习作教学研究"等课题研究，发挥传统的"习作例文"教学功能，努力通过提供例文例句，搭建学生习作的"脚手架"，提供有力的支持。

哪些资源可以利用

资源支持与方法讲授的最大区别在于多样化资源的广泛提供，以最大程度促进每个学生的思维启动。其中资源的多样化、适恰度显得尤为重要。资源的多样化保证了学生个体的可选择空间，适恰度保证了资源促进思维启动的力度。知识、语言、观念和问题意识共同组成影响写作思维活动的基本要素，因此，自主习作的资源类型主要可分为事实性知识资源、描述性言语资源和实践性方法资源。

（1）事实性知识资源，培养科学写作态度

事实性知识是指客观的科学知识与生活常识。艺术来源于生活，学生习作同样是对生活的直接反映。由于学生的知识积淀少，运用科学知识的意识薄弱，因此，学生的自主习作活动必须有事实性知识的支持。

如学生编写反映海龟与"白龟"对话的漫画作文，在围绕"比寿命，你算老几"这句话展开对话描写时，往往随意地写下"海龟能活千年"，而缺少习作的科学性。我运用信息支持，让学生搜索、整理涉及海龟与一次性白色餐盒的相关科学知识。这些科学知识的合理运用能增强学生习作的科学性，增强学生对环保主题漫画写作的说服力和讽刺效果。在构思看似虚构的《海岛生存历险记》等幻想作文写作时，也必须以事实性知识作支持，以提高习作的说服力和真实度。

在自主习作过程中强化事实性知识资源的利用，可以让学生更珍惜习作的生活之源，增强习作中的科学意识和生活意识，培养忠于生活的严谨写作品格。

（2）描述性言语资源，提高语言锤炼意识

描述性言语是指用来准确表现事物的言语词汇。学生由于语言储存量少，无法用准确的语言细腻描述客观对象。这种细微有察而言不能至的状态需要有描述性言语支持。

在《记一次比赛活动》习作过程中，激烈的比赛场景在四年级学生的笔下却无法准确生动地再现，因为他们的笔下多是一个字"打"，最多也就以"轻轻一打""快速一打"来区分不同的击球力度与速度，"打"字成为作文的高频词。在教学中，我剪辑央视乒乓球比赛的解说视频，将其作为描述性言语资源，让学生学习主持人对击球动作的描述，丰富词汇，这样就能更准确地描述击球动作，生动再现比赛过程。

描述性言语资源不仅能丰富学生的词汇，提高其言语表现力，更能增强学生自主习作时的语言锤炼意识。

（3）实践性方法资源，促进写作方法积累

实践性方法指的是具有普适性、可迁移的写作方法。但不能将这些写法以标签式的名词术语提供给学生，而需要把抽象的写作方法转化为具体的微格示例支持学生主动运用，这种可迁移的写作方法就是实践性方法资源。

在四年级"喜欢的小动物"习作活动中，为让学生真正理解并运用表达喜爱之情的写作方法，我先让学生回顾老舍在《猫》一文中为什么把脏脚印描写成小梅花，再尝试让学生以不同的目光看"金鱼小黑不吃投放的鱼食"这一镜头，体会"它反应迟钝"和"它大度谦让"两个语句所传达的不同情感，最后获得"以欣赏的目光表达喜爱之情"这一可迁移可实践的写作方法。

这种实践性方法资源保证了写法支援的具体可感，使学生"越过抽象的雾障而踏到结实的形象的百花园中，捕捉到要得到的东西"。

用什么方法提供资源支持

在选择广泛适恰的支持性资源后，我根据需要，努力把静态的支持资源转化为有利于学生自主探索的动态资源，使其能在动态变化中支持学生启动思维，促进学生习作思维的自我建构。根据促进自主习作思维的深刻性、灵活性、独创性、批判性和敏捷性等需求，可以用"呈现、唤醒、拓展"等有不同特征的方法来展开支持。

(1)示例支持,提供具象的思辨资源

根据认知规律,学生需要的是具体可感的学习支持,因而教师需要把抽象的"理"转换为具象的"例"。示例支持以"具象呈现"为主要特征,呈现正反例子,促进学生思辨、分析、提炼,获得从具体到抽象的写作技能。

在四年级《观察与发现》习作课中,我指导学生观察一幅画《花仙子》,在学生不能细腻地描写"花、枝、叶"的颜色、形状、样子时,我提供了一段描写牵牛花的范例:"牵牛花的叶子是绿色的,它绿得像碧玉,像翡翠,让人看了心醉。牵牛花们每天清晨迎着太阳开放,有的紫得近墨,有的红中带粉……像一个个小喇叭,在告诉我们,金色的秋天来到了。"看完范例后,学生不仅明了从三方面描写花朵达成"言之有物"的目标,同时获得丰富的词汇,写作基础好、领悟能力强的学生还可以根据自我需求,学习展开想象,把事物写得更有情趣。

示例支持也可以呈现错例。我发现,把握学生习作中的困难之处,借用他人的学习经验作为资源支持的材料,进行同类迁移,可以把共性的问题提炼为本课指导的重点、难点。错例评析,垫高了写作基础,错例支援,可以堵住一条犯错的路。

(2)情境支持,唤醒生活与语言积累

写作是客观生活的主观复现,回忆类习作滞后于生活情境,想象类习作又先发于现实情境,这给写作表达带来一定的障碍。情境支持以"主体唤醒"为主要特征,教师提供情境支持,启动学生记忆与想象,唤醒学生的生活积累。

为帮助学生合理架构写作内容,在开展六年级想象作文《二十年后回故乡》时,我提供了三次情境支持,启动学生的想象,让学生随我穿越至二十年后,观察未来生活情境。一是借助名片,创设情境。我扮老人入教室,致开场白:"同学们离开家乡也该有二十年了吧!请大家结合自己的名片来介绍一下自己。"二是融入情境,畅谈变化。"说说你归途中的所见所闻,也可以说说你的一些感受。"三是故地重游,共叙乡情。"想象二十年后的一次师生聚会。大家久别重逢会怎么说?会做什么?你们当时的心情怎么样?"情境支持,有效地消除了写作与生活的时差阻隔。

情境支持,不仅可以唤醒生活,还可以唤醒学生的语言积累。在习作中,面对部分场景,学生无法与所积累词语相联系,教师可以通过情境支持唤醒学生的语言积累，交流记录，使学生快速从语言储存中提取有表达力的词汇。情境支持，以情启言，化远为近，给学生有效的内容与言语支援。

(3)问题支持，促进思维的不断深化

写作的最终目标是把自己的感受写下来感动读者。写作受体——读者，作为写作活动中的一个要素，其价值和地位正随着网络时代的到来日益受到人们的重视。问题支持以"原点拓展"为主要特征，小作者要利用好师生这一读者资源，以读者的眼光展开问题支援，促进自我的习作表现力发展，在师生共促下把"支援"进行到底。

在指导三年级习作《窗外的冰花》时，为了把一个内容写具体，我和学生围绕一句话产生阅读期待，针对小作者的描写提出许多问题："你觉得冰花都哪儿奇特了？你能不能说出来？""你为什么觉得它像白马、像冰山呢？""你看到冰山，冰山后面还有什么？""那太阳为什么藏在后面不出来呢？"最后我建议学生把这些联想写下来，这样就能写出冰花的奇特。

这一过程，不仅是对学生写作内容的补充，同时也是对习作语言的支持，更主要的是形成了一种写作思维能力。

什么情况下提供资源支持

"不愤不启，不悱不发。"为师者需要掌握最佳教学时机，即当学生想把问题弄明白但又弄不明白、想表达但又表达不出来的时候，教师才去开展思维支持，促进学生顿悟。

(1)在思维空白时提供支持

思维空白时是学生最渴求得到支持的时机。他们需要的不仅是"例"，更需要的是寻找到"例"的思考过程。在整个写作过程中，选材困惑是学生常要面对的，而且他们经常是在脑海中搜索不到要写什么，处于思维空白状态。此时，教师在学生期待中开展示例支持，能打开学生思路。

例如，习作《我敬佩的人》要求通过一件事来写我敬佩的一个人。我先以学生习作素材示例，要求学生想清楚小作者到底想写出这个人的什么品质。接着，我引导学生思考两个问题：你想写谁？你为什么想写他？再以课文为例启动学生思维。我对学生们说："课文《父亲的菜园》通过描写父亲精心伺候菜园体现父亲的执着与勤劳，你想通过一件什么事来写，用几句话概括地写？"然后，我组织学生用猜谜的方式来交流，通过交流事例猜想所写人物的品质，以此来验证是否选择了一个典型事例。最后，我总结，刚才经历的思考过程相当于作者写作的构思过程。

教师以示例方式，由他及己地启迪学生，充分展露作家构思的浓缩过程，使学生的记忆被唤醒，脑海中自然显现写作素材，学生的写作思维渐渐启动，"写什么"就迎刃而解。同时，学生也体会、实践了寻找写作素材的构思过程。

（2）在思维混沌时提供支持

如果说思维空白状态是学生还未迈开思考的步伐，那么思维的混沌状态就是学生处在思维的抉择状态，不知优劣，难以取舍。这样的思维状态往往看似不需要外力支持，其实需资源支持。学生需要在多种资源的思辨中，经历"斟酌"与"推敲"。

在《最难忘的老师或同学》习作过程中，学生在眉毛胡子一把抓的外貌描写中，思维陷入混沌，分不清什么值得写，什么不值得写。此时，我引导学生进行示例比照：①他时常穿一件朴素的中式长衫，短短的头发刷子似的直竖着，浓密的胡须成隶书"一"字……他，就是鲁迅。②玛丽·居里穿着一袭黑色长裙，白净端庄的脸庞显出坚定又略带淡泊的神情，那双微微内陷的大眼睛，让你觉得能看透一切，看透未来。学生开始思考作者抓住穿着、发型、胡须三个特征把鲁迅先生写活了，通过"坚定又略带淡泊"把居里夫人刚毅执着、淡泊名利的气质神采写了出来，学生明白了这才叫真正把人写活，写出了个性。

在学生思维混沌时，教师提供支持，能使他们找到思维分叉道上的正确路径。长此以往，学生也就能形成思辨的意识，提高分辨决策能力。

（3）在思维禁锢时提供支持

学生自主习作活动进入成稿阶段时，思维自然进入一种停滞状态。学生开展相似题材的习作时，往往也会产生写作定式。这都表明学生进入思维禁锢状态。此时教师需要介入，产生冲击，强力推动，使学生启动新的思维活动，以求突破。

《一次艺术欣赏活动》习作过程中，首先，我指导学生通过描写画面、过程、手的动作基本叙述了艺术家创作沙画的经过。接着，我重新播放视频，引导学生寻找新的突破，通过"轻巧地一点、潇洒地一抹、熟练地一捏"等词语写出准确的动作状态。在基本成稿时，学生进入思维禁锢状态。他们已满足于对这次沙画表演的客观描写。此时，教师需呈现全新的异质材料来启动学生的写作思维活动。我启发学生思考："还记得学过的《月光曲》吗？课文中也有一句话，跟大家的写法相似。'兄妹俩被美妙的琴声陶醉了。'就这一句你能感觉到音乐的美妙吗？"接着，我出示课文相关片段，启发学生思考描写的是什么。学生在示例支持下，体会到展开联想写自己的感受，可以把听到的写成看到的，把静态的写成动态的，把远方的写成近在眼前的，把主动的变成被动的。学生在"以观者的联想写艺术"这一异质资源介入下，展开联想，写出比赞叹、评价更具个性观感的猜测、联想。

在学生思维禁锢时以更具品质的异质材料作支持，可以打破学生写作的思维定式，寻找到新的写作增长点，培养学生不断求新的写作品质。

经过这一阶段的实践研究，为化解学生自主习作与教师指导之间的矛盾，我们的研究团队提出了把"指导"细化为"支持、支援"。《淮南子·本经训》有云："欐林欈栌，以相支持。"支持、支援，就是指在需要时给予的援助。从写作心理学入手，我们可以发现，写作就是各种芜杂的信息与已有的认知结构不断融合的过程。其间，思维与写作中的"环境""心境""语言"等各个因素发生冲突，需要互相协调、融合，而良好的支援能作为信息的调和剂，确保学生向写作能力"最近发展区"进发，这就是写作目标达成的过程。

从这个意义上来说，提供支援对写作教学具有重大意义，支援可以说是写作教学进程的稳固扶手，也是学生写作实践的重要帮手，更是写作能力发展的有力推手。

（此文发表于 2014 年第 2 期《语文教学通讯》，收入本书时略有修改。）

偶然从网上看到一幅有意思的环保漫画：金黄的海滩上，一只海龟偶遇了一只"白龟"，勺子是它的脑袋，快餐盒是它的身子，四把小叉子是它的脚爪，它还有一根勺柄样的尾巴。"白龟"傲慢地说："比寿命，你算老几!"我将漫画带到作文课上让学生欣赏，学生看后编写故事的兴趣很高，但写下的文字与漫画表现的主旨相去甚远。"我和海龟待在一起，我活了很久很久。""白龟死了，海龟还活着。""快说，你的年龄到底是多少?""那我就告诉你吧。"可以发现，学生所写习作语言生硬，没有真实传递内心感受。这其实是小学习作教学常常遇到的困境。

通过课堂观察、调查与习作样例分析，我发现大部分学生在自主习作中无法联系已有的学习经验、生活经验，导致无话可写、无法可效。对教师的教与学生的学作对应性分析，我发现"单一示范"成为教学行为的全部特征。这样的教学行为无法为不同个体提供广泛的可选择支持，无法真正启动学生的自主习作。

那么，如何突破习作教学困境，使习作教学中教师的指导不再替代学生的学习，从而既保证学生习作的自主性，又充分启发与支持学生的习作呢?为此，我们挑战习作教学，改良教学指导的程序，改变指导策略，努力架起学生习作的支点，为学生的自主习作提供支持，开展了小学"链接·支援式"自主习作的二十年实践，为习作教学开辟一条可复制、可推广的实践路径，提供一种"链接·支援式"习作教学理论。

什么是"链接·支援式"习作教学

"链接·支援式"习作教学这一概念在近二十年中逐渐发展完善。2002 年，形成链接式阅读教学典型课例;2005 年，在浙江省"百课万人"

创新观摩活动中展示并初步形成"链接·拓展式"概念；2009年，出版《小学语文链接式教学》，初步形成"链接式"阅读教学模式；2014年，形成"资源支持"习作教学基本体系；2017年，"链接·支援式"习作教学立项省教研规划课题；2019年，出版《小学支援型习作教学》，书中汇集了在全国范围内展示的32节课例；2021年，"链接·支援式"习作教学获浙江省基础教育教学成果一等奖。"链接·支援式"概念得到明确，并形成广泛影响力。

"链接·支援式"习作教学就是针对小学生习作无法与"生活经验""学习经验"自主关联，从而言之无物、言之无序、言之无味的现状，改良习作教学路径、支架、策略、评价等，引导学生自主链接情意、思维、言语等方面的经验支架，支援习作活动，实现自主习作。"链接·支援式"习作教学力图解决三个主要问题：

第一，学生习作过程中自我诊断缺失的问题；

第二，学生自主习作资源缺失、无法自我支援的问题；

第三，教学支持无法满足学生习作需求、促进关键能力发展的问题。

为解决这三个主要问题，我们历经了四个阶段的实践。

2002年至2005年，探索习作支架，形成"链接式"读写结合教学方式。我们结合课堂观测、问卷调查，发现学生习作很大程度依赖其自然成长，缺少外部行为的适时唤醒，情意调动、思维架构、语言表达等自主习作关键能力发展失衡。为此，我们研究团队确定了链接课文经典片段、自主搭建学习支架的路径，形成了支架式读写结合教学方式。

2005年至2015年，明晰习作支援领域，活化习作支援方式。我们发现仅链接课文语段无法满足学生的学习需求，习作表达的丰富性、个性化仍不足。我们借助信息化时代的海量资源，丰富学生的习作资源，并以发展习作关键能力为内核，在情意、思维、言语三大领域建构情境、图示、语例等协同创生的支援系统，同时明晰支援领域，活化支援方式，保障学生习作能力的自主发展。

2015年至2018年，探索诊断机制，提高"链接·支援式"教学的精准度。我们发现学生在习作时缺少自主诊断的意识和能力，导致支架运用与习作需求不匹配。统编教材更注重学生习作自评、互评的习惯养成与能力发展。我们改良课堂结构，改变习作程式，增加学生自主诊断环节。学生进行自我立标、对比和定向三步诊断，精准定位习作起点，找到最近发展区，有效链接，自主支援，成为积极主动的学习者。

2015 年至 2021 年，辐射推广"练—援—拓"为要素的习作教学实践体系。我们边实践边推广，完善"练—援—拓"自主习作动态路径，活化以"链接·支援式"为特征的习作，整体建构支架式自主习作体系。从基本范式到拓写变式，使该体系具有可复制性、可推广性。项目组以全国名师工作室为平台，向全国 26 个省份 150 余所实验校推广辐射，并不断修正、丰富实践成果。

如何实施"链接·支援式"习作教学

根据我们对学习本质的基本理解，习作教学同样要把握学习内容的各个元素的联系和学生的现有学力。为此，我们着力于五大方面的教学实践，即链接领域、支援序列、诊断机制、行动模式、评价体系。

(1)构建链接领域

根据作文心理转换理论，习作教学不仅是情意驱动的教学、缀词成文的教学，同时也是一个思维运作的过程。

(2)研究支援序列

根据情意、思维、言语三大领域和需要的潜在发展水平，我们努力把静态的支持资源转化为有利于学生自主探索活动的动态资源。情境支援、图示支援、信息支援分别对应三大领域，下面又细分九个序列。我们首先是对接理论层面梳理链接领域和支援序列，为教学实施提供丰富多元的支援点。接着，我们从理论走向教学实践，从诊断入手，通过梳理筛选去寻找适恰的支援内容和方式。

(3)开发诊断机制

我们通过习作话题的诊断，开发支援树，以"习作需求""支援关系"为筛子。首先，通过发散式链接，把写作话题分解成若干个明确的支援内容；其次，通过关联式筛选，根据写作对象和内容之间的关系对支援做进一步梳理；最后，通过匹配式支援，根据筛选出的内容匹配最适恰的支援内容、方式、时机。

(4)探索行动模式

主要是形成要素链。我们启动了"练""援""拓"三大要素组成的习作课堂开发工程，形成了近 100 节习作课例。以此为基础，创建了"三位一体"为表征的"链接支援式"习作教学结构模式。

我们再来看漫画习作《白龟与海龟》的教学改进。

一是练，强调"先写后援"。基于试写的统计分析，保障了学情的精准诊断。我先请学生试写，经过数据诊断分析，发现学生习作中的许多不足，尤其是对涉及的环保知识了解不够科学准确，因而写的文章降低了可信度，甚至偏离了漫画所表达的主题。

二是援，要求"援中得法"。针对问题所在，我确定习作指导重点为"信息支援"。学生搜索获取了海量的信息，这些信息能不能直接抄在习作中呢？我引导学生筛选、切分，在试写对话中去思辨运用信息的方法，最后合理地穿插、编排在故事角色的多次对话中，从而更好地表达主题。学生也从中获得了"信息支援"的具体方法。

三是拓，做到"法中求变"。在随后表达感受的写作中，学生尝试进行自主支援，并对支援的信息尝试改变运用。学生创新地联系生活中的所见所闻，用新闻信息、图片信息来丰富表达，增强文章说服力。还有的以课文为例，借鉴表达感受的方法，用"提出假设、揭示道理、阐明启示、情境描述"等多种方式形成个性表达，提升写作能力。

从这个典型课例看，我们对传统习作教学基本要素进行了程序改良，从"自主—指导—自主"，形成"例—理—例"的习作思维过程，我们再看改变教学策略后学生的习作片段：

正在它们争论不止的时候，海滩边传来一阵脚步声，两个头戴蓝帽的海洋环保志愿者向着它们走来。其中一个熟练地收起了这只刚刚还自认为"万寿无疆"的"白龟"，一把就把它塞进了环保袋，里面还装着它的许多已经散了架的同类。另一个人笑着说："呵呵，是到它们该灭绝的时候了，可别再让它们代代相传喽！"

笑声远去了，这时候海龟依旧悠然地散着步，金黄的沙滩变得分外迷人。

该习作表现出学生的情意、思维、语言水平有了大幅提升。根据年段与内容的区别，我们还探索发展了"援—练—拓""练—援—援—拓""练—援—练—援—拓"等不同方式的教学。

与传统习作教学相比，"链接·支援式"习作教学通过精准的诊断、适恰的链接、适时的支援，优化和提升了习作教学目标、教学过程、教学时机和教学手段等，促进了学生言语表达、思维品质、审美情趣等的发展。

(5)研究评价体系

与传统习作评价相比，"链接·支援式"习作的写作评价完成了两次转变。一是评价标准的转变，由过去考量是否中心突出、文从字顺、结构完整、语言生动转变为支援的目的达成度。二是评价维度的转变，由过去模糊的尺度转变为"最近发展区"的尺度，即学生获得的是时机、材料、水平上最适恰的帮助。

"链接·支援式"习作教学的成效

经过二十年的实践，"链接·支援式"习作教学在省内外形成了广泛的影响。

(1)解决了学生自主习作存在的三大主要问题

我们开发了"呈现原点""界定现状""诊断差距"的习作起点诊断机制，破解了习作目标弥散问题；建构了情境、图示、语例等协同创生的支援系统，破解了习作支架运用无序的问题；提炼了基于能力升格的渐进式、辐射式、项目式等拓写方式，形成了"练—援—拓"自主习作学习路径；建立了以习作生长点和学习支援力为主轴的自主习作评价体系，以教、学、作三维评价促进自主习作进阶。

(2)形成了习作教学的三大创新

教学理念创新：让自主习作成为自我完善的生命过程。学习是生命体自我完善的过程。我们始终尊重学生的自主学习地位，努力改变学生被动学习的过程，引导学生在自主习作中开展自主诊断、自主链接、自主支援，主动建构学习经验，成为积极主动的学习者。在自主实践中，学生学会自我反思，自我生长，自我发展，成为自我完善的生命体。

教学体系创新：形成"链接·支援式"自主习作教学体系。我们变革固化的导学程式，引导学生以"练"为学习起点，进行学情的自主诊断，准确定位学习生长点。针对学生需求开展适恰的支"援"，在此基础上"拓"宽其写作思维，由此形成"练—援—拓"自主习作的基本路径，同时衍生出三种变式、三类拓写方式，建构起"链接·支援式"自主习作教学体系。

学习支架创新：建构链接最近发展区的支援系统。我们变革以往资源提供的单一程式，研发情意、思维、言语三大领域的支援系统，开发九类助学支架，运用情境、图示、语例等支援方式，使学生习作建构起序列化、多元化、动态化的学习支架。链接最近发展区的支援系统，破解了学习支架单一、资源匮乏的问题。适时、适度、适量的学习支持，提升了学生自主习作的效能。

（3）有效提升了区域内学生的习作能力

从课堂观测到习作获奖统计，从分年段实验对照分析，我们发现学生能力均呈实质性提升，学生综合素养获得发展。2014年我担任全国中小学生优秀写作阅读范本编委，2018年我主编了奉化区《小学生写作学习标杆读本》，其中共收录151篇学生习作。这些成果，从一个层面显现了"链接·支援式"习作教学研究在区域内的积极影响和取得的显著成效。

（4）面向全国辐射了课题成果的影响力

在课题的研究过程中，许多的课程论专家、习作教学研究专家等对本课题表示充分肯定。上海师范大学吴立岗教授、夏惠贤教授认为本研究具有重要的学术价值，对习作教学有深刻的影响，上海师范大学吴忠豪教授、全国写作教学协会副会长张化万老师均认为本课题研究能填补我国当前习作教学方面"支架理论实践转化"的空白，指出本课题研究"学理科学，概念清晰，逻辑严密，具有一定的独创性和现实指导意义"。

2018年，我们出版著作《小学支援型习作教学》，其中有35篇在《小学语文教学通讯》《小学语文教与学》等全国核心刊物上刊登转载，开发的"小学支援型习作教学微课程"获浙江省微课程开发优秀奖，并由浙江电子音像出版社向全国公开出版发行。

我在全国各地讲授"链接·支援式"习作教学达75场次，得到了全国各地小学语文界同人的高度肯定。同时开设以"链接·支援式"习作教学为研究主题的省级网络工作室，吸收学员852名，进行"名师面对面"网络直播四次，有近8000人互动参与。

"看似寻常最奇崛，成如容易却艰辛。""链接·支援式"习作教学通过链接支援由例入理，以援启思，为学生提供广泛的启发和个性化的选择空间，对学生日后的独立写作起到潜移默化的引导作用。强化学习的可迁移性，使学生可以通过各种途径寻找或建构支架来支持自己的写作。"链接·支援式"习作教学为提升学生自主习作能力提供了一种实践样本。

教学贵在支持。当我们充分了解学生，为学生提供成长支持，帮助他们在真实的情境中综合运用知识解决问题时，教学必将迎来"忽如一夜春风来，千树万树梨花开"的胜景。

（此文写于 2022 年 10 月。）

第五章
教师成于修炼

    教育的有效性很大程度上取决于教师的能力，即能否科学、艺术地促进学生成长。学校拥有卓越的教师是对学生成长最有力的支持，只有卓越的教师才能让学生从容地面向未来成长，才能自主实现终身发展。

    何为卓越的教师？卓越的教师应具有三种特质：一是始终保持探究的欲望，不断更新知识，也就是研究型的特质；二是有深厚的学科底蕴，就自己的学科领域具备丰富的知识储备，也就是学者型的特质；三是能够把内存的学科知识外显出来，以个性化的方式展现特有的学科魅力，从而感染他人，吸引学生，就是要具有魅力型的特质。

    研究型、学者型、魅力型教师的养成需要时间的积淀。教师应在成长中不断充实知识，提高能力，从而具备"向学悦纳"的特征，在主动学习中成就卓越。

    学校应该如何设计研修活动培育卓越的教师？教师自身又如何设计成长路径？一是"破"的压力，就是不断提供新的异质的冲击而打破旧的观念与知识结构，从而改变骨干教师的知识管理。骨干教师需接受知识与理论的培训，这其中包括专业的学科知识、高端的研究理论，更包括其他领域的思考方式，从而促进他们学习习惯与思维方式的优化，促进他们走向卓越。二是"立"的动力，就是多渠道提供成就教师专业成长的平台，使骨干教师能在不断扩展的平台上展现专业个性，从教学理论到教学实践，展现一种区别于他人的特质魅力。这一过程也需要有更强大的专业成长支持，教育理论研究者应帮助骨干教师一起寻找属于"我"的专业表现方式，从"从属一类"走向"自成一家"，从设计走向修炼，从优秀走向卓越。

让自我修炼更轻松

自我修炼是一种学习意识：三人行必有我师，生活处处皆学问，活到老学到老。成本突围是一种资源意识：时间是海绵里的水，"垃圾"是放错地方的资源。当不断获得成功之时，成功必定成为自我修炼的一种动力，推动着你走向新的成功。

2010 年 9 月，我荣获浙江省小学语文特级教师称号。这是我专业发展中最珍贵的一项荣誉。我于 1989 年毕业于浙江省奉化师范学校。2002年，我荣获全国"注音识字，提前读写"教学实验改革 20 周年课堂教学竞赛特等奖；2004 年，我荣获宁波市学科骨干称号。我先后获宁波市名教师、浙江省新课程主题构建课堂教学创新比赛一等奖、浙江省优秀教师、浙江省青少年英才奖青年组二等奖、全国小学作文教学优质课大赛特等奖、浙江省东南沿海地区首届小学语文青年教师课堂教学评比一等奖、宁波市优秀青年、浙江省特级教师、奉化市十大杰出青年、浙江省少先队先进工作者、奉化市第三届杰出人才、宁波市名校长等荣誉。

有一些年轻教师常向我询问我的成长秘诀，我发自内心地跟他们说："成长多烦恼，苦而无获；修炼更轻松，乐在有得。"确实，当你品尝到成功的喜悦时，修炼之苦都烟消云散了。

复制"勤能补拙"的经典

我的第一张奖状上写的是奉化市"广电杯"普通话大赛二等奖。1992年暑期，闲不住的我报名参加了奉化市普通话比赛。这需要一份勇气，因为在师范学校时我的普通话是整个年级内第二批次才过关的。1989 年我被分配在山村小学负责包班教学工作，这几年的语文教学经历，使我觉得自己"教以学之"，普通话进步不小。面对自备与抽读两个比赛项目，我下足了功夫。我选择了朱自清的《荷塘月色》片段作为朗诵篇目，用蓝笔誊写好相关段落，用红笔给每个字注上拼音，先读准再背诵，每天还不忘拿起报纸逐篇来个即兴播音练习。坚持了半个月，意外地获得了奉化市"广电杯"普通话大赛二等奖。这一张奖状使我体会到"勤能补拙"。这次收获深刻地影响着我，从此勤奋认真成为我的行事习惯。1994年我参加浙江省少先队辅导员技能技巧比赛，面对其中的即兴演讲"国旗下的讲话"，我硬是背诵了一年中每个节日的演讲内容。与其他选手的即兴演讲相比，我是游刃有余。就这样，十个项目比拼完毕，我获得了全省第二名的好成绩。

除了这两项荣誉外，前十年的我没有取得突破性的发展，获得的最高荣誉是宁波市教坛新秀三等奖。但我非常珍惜这十年的成长经历，因为我沉淀了自己，如一棵橡树般成长。勤奋认真成为我的行事习惯，深深影响着我的专业成长。

让专业成长"成功突围"

我们常说"一分耕耘一分收获"。但是，倘若能够把握机会，把成功放大，我们就可以实现专业成长的"成功突围"，实现"一分耕耘十分收获"。

2001年，我受邀开设一节镇级公开课，我选择了《滥竽充数》片段，那节课开启了我专业成长的大门。第一次用多媒体设备上课，在课的设计上链接了很多文本外的媒体资料，从图片到录像，从古文到现代文，教学素材显得丰富多彩。延续初次的成功，我又在宁波市拓展阅读教研活动中执教了这节课，同样获得成功。在一次次的研讨展示中，《滥竽充数》教学逐渐成熟。2002年，我把这节录像课寄往"注音识字，提前读写"课题实验组，获得全国现场参赛资格。7月，我在广东省电白区执教，以出色的课堂展示获得特等奖，并成为全国教科版教材小学语文讲师团成员；2004年，我凭借这节课参加省教科院的"百课万人"创新课海选，有幸入选后，在专家的指导下锤炼"链接·拓展式"阅读教学课型，在温岭执教省级展示课《种子的力》，获得专家一致肯定；2006年，我以《种子的力》教学设计获省新课程主题构建课堂教学创新比赛一等奖，并在义乌执教省级研讨课《搭石》；2007年，《滥竽充数》教学设计入编人民教育出版社出版的《新课程小学语文优秀课程教学设计》一书，教学光盘在全国发行，然后我在全国小学语文新课程改革成果经验交流研讨会上执教《布衣元帅》……一个个专业成长机会的获得，一次次的成功，使我觉得机会往往是连续的。把握了一个机会，就像推开了一扇成功的门，在这扇门的后面又有一扇成功之门等待着你。

也是从"滥竽充数"这节课开始，我坚持小学语文链接式阅读教学的实践研究。十年磨一剑，我逐渐形成了具有个人教学风格的小学语文链接式教学风格，出版了 20 万字的《小学语文链接式教学》专著。

穷则变，变则通，通则久

每个人都有长处和短处，面对自己的短处，我们该怎么办呢？如果说"勤能补拙"是长远的发展策略，那么"扬长补短"则是一种安然度危的成长智慧。

1994 年省少先队辅导员技能技巧比赛中，别人都有一项"拿手绝活"的才艺展示，我却无一技之长。现场书画、唱歌、跳舞我无法与他人抗衡，但转念一想，"拿手绝活"就是"人无我有"，于是，我信心十足地现场表演了"手指画"。我用手指蘸赭石色画上梅枝，食指蘸红色按五下画成一朵梅花，按三下画成一朵侧面看到的梅花，按一下那便画成一个花骨朵。就这样，得分竟高于书法表演。初次的成功，使我屡试不爽。2009 年，我参加宁波市中小学教师才艺大赛，我表演了《春风化雨》电影片段配音，获得银奖。

《周易·系辞》有云："穷则变，变则通，通则久。"独辟蹊径的成功之道使我明白成功的路不止一条。我把"变通"的智慧用于专业成长上，同样屡获成功。面对学生逐渐淡薄的写作修改兴趣，我创设了"超市式"作文欣赏课，开展了"超市式作文欣赏课的反思与探索"的课题研究，收获颇丰。

2009 年 2 月，我被调往莼湖镇校任校长，乡镇学校的劣势是客观存在的，农村学校教师普遍年轻且缺少经验、家长务工忙缺少家教时间。面对"二少"教育困境，我转念一想，这都是农村学校的特点，抓住特点转换劣势就可以发展为特色。以辩证的视角看困难，转换视角，就可以化劣为优。我不禁豁然开朗，欣喜地看到农村教育有"三宜"：一是青年教师可塑性强、易正向引导的特点，适宜我发挥自身名师示范引领作用，提升教师专业素养；二是农村学校学生家长全心全意信任学校的心理特点，适宜大胆推进课堂教学改革；三是适宜利用当地的海洋文化资源开展少先队工作，把校少先队组织作为实施素质教育的主阵地。在这一办学思路指导下，五年内学校获得跨越式发展，中国少先队工作学会名誉副会长张先翱教授题词，赞誉学校为"育人之海"，学校成为具有海洋文化特色的农村示范学校。

生活处处皆教育

面对烦琐的教学工作教师总觉得苦不堪言，提起专业成长又仿佛失去了正常的生活权利。但我觉得，如果能领悟"踏破铁鞋无觅处，得来全不费功夫"中的诗意，你会觉得生活与工作本来就是同一页书的两面，因为生活处处皆教育，教育无处不生活。

闲暇之余上网读报，我会以高度的职业敏感发现可贵的教学资源。轻轻点击，随手一折，我就多了指导学生习作的素材。那张偶然所得的漫画《海龟与白龟》，使我在执教六年级环保漫画作文时，教学素材信手拈来。之后，有关漫画作文的教学研讨课也先后在杭州、合肥等地开展，得到听课教师的好评。同样，作为一校之长，规划学校发展、策划学校活动，也需要高度的职业敏感。那年暑假，我发现《我有一本课外书》这档电视节目。我想，在学校读书节中，如果让我校的学生也悦读乐说，开展"我有一本课外书"的读书交流活动，该是一种多么美好的在书海徜徉的景象啊，于是我收集了这些视频，计划好了新学期的读书活动。

当积累成为习惯时，生活与工作看似边界不清，但你会消除"踏破铁鞋无觅处"的苦恼，享受到"得来全不费功夫"的快乐。

"世界上有那么多好书好电影，注定看不完，我们对这个事实该持何种态度？""怕什么真理无穷，进一寸有一寸的欢喜。"回顾成长经历，我想，持续奔跑，再慢也能到达成功的彼岸。我把一句话定格在我的电脑桌面上：坚持，是一种品格！

（此文写于 2013 年 11 月。）

从无序发散走向有效生成

从 2004 年开始，我校就一些教育教学问题坚持不定期地开展教学沙龙活动，使教师的思想不断丰富，视野不断开阔。我校主题化教学沙龙的发展，走过了从"无序发散"到"有效生成"的几个阶段，在不断反思与改进中演变，渐趋成熟。

第一阶段：主题弥散，结构粗放，无序发散

2004 年 11 月，我校围绕校课题"数学课堂教学中交流与倾听能力的培养"组织了第一次教学沙龙活动。我们参照沙龙的基本特点，即"定期举行、人数不多、自愿参加、各抒己见"，拟发通知组织活动。为方便记录，我们在活动中安排了一台摄像机进行全程拍摄。以下为当时的通知稿和简讯报道稿。

第一次教学沙龙通知：

为推进校总课题研究，定于 11 月 4 日晚六点在校会议室举行第一次教学沙龙活动。本次沙龙的主题是"课堂教学中的交流与倾听"，欢迎广大教师参加。

教学沙龙活动侧记：

2004 年 11 月 4 日晚，我校三楼会议室灯火通明，二十来位骨干教师正聚集一堂，就"课堂教学中的交流与倾听"主题各抒己见，参与争鸣与辩论。应邀而来的两位嘉宾，市进修学校的张晨瑛副校长和市教科所陈武存副所长也饶有兴趣地倾听声音，参与讨论。这是我校举行的第一次教学沙龙活动。

参加沙龙活动是教师的自愿行为，有兴趣的教师根据事先提示的主题有备而来。活动结束后，将实录上传网上，供大家继续思考。

学校第一次举行沙龙活动，教师参与热情高，新鲜感足，交流气氛热烈。但相比于浪漫色彩浓郁的文艺沙龙等，教学沙龙更注重实效。从以上活动通知和报道中，我们可以发现，当时，教师重在参与，想到什么说什么，活动的成效完全依靠教师的临场生成。在现场两位嘉宾的最后点评中，他们也指出活动存在话锋游离主题的现象，从所整理的活动实录我们也发现无法寻到沙龙话题的主线，教师阐述观点零敲碎打的多，沙龙较明显的存在"主题弥散，结构粗放，无序发散"的问题。

第二阶段：主题细化，提纲预设，生成有限

教学沙龙强调参与和分享，是一种追求人本化的培训理念的教研模式。它通过创设特定的问题情境，引导参与教师在表达中整理自己的经验与观点，在倾听与分享中学习他人的长处，在碰撞中产生新的思想，提升认识，从而实现自我提高。教学沙龙实质上是问题情境下的高层次学习。因此，我们开始加强沙龙活动的组织策划，细化主题，把主题分解为一个个问题，使教师沉浸于问题情境中。我们要求教师带着对问题的思考、观点与材料来，在沙龙活动中碰撞交锋，从而获得新的收获。以下为 2006 年两次教学沙龙的通知与主持词。

(1)语文组"提升师生自我效能感的实践研究"通知

时间：第八周周四晚 6 点

研讨思考题：

①谈谈你对课堂教学中教师教学效能感的认识。

②反思自己的课堂教学经历：

A. 一堂失败的课(或环节)引起我的教学效能感低下，从而导致课堂教学的低效。

B. 一堂成功的课(或环节)给我带来积极的教学效能体验。

③结合个人教学经验，谈谈不同的归因所造成的不同的效能体验。

④在教学中，你形成了怎样的教学优势或风格？怎样形成的？

(要求：请各教研小组长做好组织工作，使每个思考题都有本组教师代表发言。)

(2)"教师有效教学行为的思辨"沙龙活动主持词

时间：11 月 1 日晚 6 时 30 分

教学作为一种有明确目的的认知活动，它的有效性是我们每位教师在教学中所积极追求的。从教学活动诞生的那一刻起，不管是知名教育

教育·为成长提供支持

家还是普通的教师，都在追求着教学活动的有效甚至高效。

自己十几年的教学生涯，也可以说是对有效教学从懵懂到逐步清晰的过程。记得刚开始教学时，正流行这法、那模式的，我记得有纪晓春的情境教学法、邱学华的尝试教学法，自己也搞了"数学教学开放式教学模式"的课题，这些法呀、模式呀，无一不是对课堂教学有效性的探究，希望找寻一条既省时省力又能提高教学效率的教学之路。随着现代教育理论的发展，我们发现课堂虽然可以预设，但学生是千变万化的，课堂上随时都可能出现动态生成的东西，我们不能用这些方法和模式来桎梏学生的头脑和思维。在以人为本的教育思想的指导下，我们以建构主义、科学学习理论等为指导，进行着课堂教学有效性的不懈探索。今天就让我们一起来进行一次"教师有效教学行为的思辨"的沙龙活动，结合大家的教学实践来谈谈：①你理解中的有效教学是怎样的？②你认为现今课堂中的低效甚至无效的教学行为有哪些？③我们可以从哪些方面去追求实施有效教学？④结合具体实践谈谈怎样的课堂管理行为是有效的？⑤作为教师，你认为实现有效教学还需做哪些努力？希望大家在接下来的时间里踊跃发言。

经过组织前的精心策划，教学沙龙的主题更加明确。由于有了准备提纲，主题始终贯穿于整个活动，教师的发言更有效。加上教师活动前的主题性学习及对相关经验素材的整理，教师发言观点明确，事例丰厚，使沙龙活动的内容丰满，大大提高了教学沙龙的有效性。但从活动小结及现场气氛感受中，我们也发现新的问题，那就是由于条条框框的束缚，参与教师显得拘束；轮流发言，交锋碰撞减弱，使沙龙呈现"主题细化，提纲预设，生成有限"的形态。

第三阶段：主题明确，多向激发，有效生成

在沙龙漫谈中，思辨、对话是主题，碰撞、生成是目的。如何让教学沙龙既有气氛又有实效，既有组织又有自由，既有经验的交流学习，又有观点的碰撞交锋呢？我们思考，在活动策划中让教师针对主题有所准备，在沙龙活动中做到有的放矢，有用的就说，无用的无关的不说，从而真正做到有感而发。在活动中加强沙龙主持人的调控水平，事先精心设计策划，努力做到收放自如。以下为2008年教学沙龙"走向幸福的教育人生"的主持词。

走向幸福的教育人生

——"教师幸福感漫谈"教学沙龙主持词

一、今天，我快乐吗？

不知在座的老师是否思考过这个问题：我们生活在这个世界上，最终的追求是什么？当我们静下心来仔细思索这个问题时，我想很多人的答案都跟我相似：我们为追求幸福而活着。活着的很大一部分时间是在工作中度过的，因此追求职业幸福感是幸福人生很重要的一部分。作为一名教师，我们的幸福感是什么呢？今天，就让我们漫谈关于教师幸福感的话题。作为教师的你，工作着的每一天，是否感觉到幸福呢？下面我们进行幸福指数测试，你的职业幸福感究竟是多少呢？（举手调查）

二、我们的幸福感在何处遗落？

从自我调查看，我们学校的教师幸福感为（　　）%。作为学校中的一员，我也经常感到工作中有许多烦心事。我也经常听到老师们的一些抱怨，这说明我们确实有感到不幸福的时候，那么我们的幸福感又是怎样悄悄滑落的呢？是什么让我们在工作中产生不快乐的感觉呢？

（资料引入）近日，国家中小学生心理健康教育课题组采用国际公认的《症状自评量表 SCL 90》，通过心理学专业人士对北京市 500 余名中小学教师进行检测，检测表明，教师的心理问题症状主要表现为自卑心态严重、抑郁、精神不振、焦虑、过分担心，嫉妒情绪明显，有说不出原因的不安感、无法入睡等。

（谈话提纲）你认为影响教师幸福感的因素是什么呢？（预设：工作压力大；主体意识淡薄；工作缺乏成就感；工作烦琐、事事具细；职称压力；社会对教师的高期望值；对教育改革的不适应……）

三、我们的幸福来自哪里？

（资料引入）以下是一位网友对教师职业幸福感的打分：

当教师还是挺受人尊敬的，当学生或认识的人喊一声老师时心中的幸福感油然而生，有九十分。上班时间，课前做做准备，课堂上认真上课，课后批改作业，给学生辅导，想到学生是国家的希望，教师要把他们培养成才，关注好学生的学习、心理、安全……这个任务可不轻，心理有了沉重的压力，教师职业的幸福感也就七十来分吧。每月的周记论文于我来说，只是对工作中发生的事有点想法记录下来，权作个人心得体会，难登大堂之雅。与发表、获奖有很大一段差距，乃心头一大痛，顿感还不够教师资格，幸福感在一二十分。期末时刻，听到要开展市教育质量调研，全身每一个细胞都紧张起来，饭吃不香，觉睡不着，幸福指数降到最低点。放假了，不管是六月里的火辣太阳，还是腊月里的漫天大雪，我都可以避开，舒舒服服地在家休息，幸福呀！一百分！以上是我个人对教师这个职业幸福感的打分，综合下来可以打多少分，我数学不大好，还不能精确计算，估算下来我还是要当教师的。

我们身边的优秀教师，他们都有一个共同的特点，就是他们把教育工作干得有滋有味，似乎他们不是在"工作"，而是在享受幸福、品味幸福。像魏书生、李镇西，以及我们都熟悉的林良富，都是这样。

(谈话提纲)那么作为教师，我们的幸福感究竟来自哪里呢？(预设：强健的体魄；和谐的人际关系；课堂教学；自我精神世界；专业成长……)

四、做个幸福的老师，我们在行动

幸福是一种主观感受，是人内心的一种自我体验，因此我们可以通过改变心境来改变不幸福的感受。作为一名教师，更应如此，因为只有具有职业幸福感的教师，才能在人格魅力上吸引学生，使学生在学习知识的同时体会和感悟生命的真谛和人生的哲学，为他们的幸福人生奠定基础。

(谈话提纲)我想，我们每个人所缺失的职业幸福感各不相同，根据刚才对自我职业幸福感的反思和对教师职业幸福感的解读，我想我们每个人都有必要进一步思考：我应该如何找寻职业幸福感的源泉？做个幸福的教师，我该做哪些努力？

(结语)孟子："君子有三乐，而王天下不与存焉。父母俱存，兄弟无故，一乐也；仰不愧于天，俯不怍于人，二乐也；得天下英才而教育之，三乐也。"孟子所说的三乐，我们教师基本占全了，应该说，教师这一职业是天下最幸福的职业了。作为新时期的教师，我们既要在工作中享受师生亲情，同事友谊，也要让教育工作成为自我的"生活方式"，为一生幸福奔向一个又一个的目标，在成功奋斗中追求幸福，享受幸福。

从以上活动的主持词中，我们可以看到活动主题明确又细化到位，篇章结合，脉络清晰，使主题探讨显得丰富、充实；调控手段丰富，有举手调查、材料引入等，多种材料多个角度的冲击产生多向激发的效果，促进参与者生成即时观点，形成良好的"沙龙场"；主持词的引入、点拨、总结，既一次次触发了参与者的思维火花，又在结束时提升了参与者的认识，使教学沙龙呈现出"主题明确，多向激发，有效生成"的良好形态。

在各项校本研修活动中，教学沙龙无疑是一种极富"开放姿态和友好界面"的方式。参与沙龙的教师都深有体会。他们反映，沙龙是个学习会，是个既充电又放电的过程，能够让参与者在新事物、新概念和新名词的交流和碰撞中开阔视野、增长知识；沙龙是个争鸣会，沙龙定有主题，大家可以畅所欲言，交流碰撞；沙龙是个研讨会，沙龙中大家会提出许多富有建设性的意见，这对于打开思路，排疑解惑很有助益。教学沙龙促进了我校教师的教学反思、团队交流与专业成长，为青年教师提高教育理论水平提供了环境和条件，同时也促进了学校整体教育科研水平的提高。当然，我校师生还将在摸索中前进，继续探索教学沙龙活动的最佳活动形态。

（此文发表于 2009 年第 5 期《中小学教师培训》，收入本书时略有修改。）

每一个你都是"明星"

"课前兴趣是体育课的生命力，通过设计报数抱团、古诗韵律操等活动，能尽快吸引孩子们的注意力，排除室外上课的干扰因素，投入到基本教学中……"周五学生放学后，实验小学的全体教师们，照例又聚到一起，参加属于他们的独特校本研训活动——明星教师微讲堂。本期的主讲者是学校体育教研组组长王琳，她和之前主讲的其他学科教师一样，围绕的主题都是"课前三五分钟能做些什么"。

校本研修，是每一位教师都必须参加的活动，而如何使教师爱上研修、让集体研修变得更有效果，则是每一所学校都在探索的难题。为此，学校面向全体教师做过一项调查，94%的教师认为校本研修对教育教学发展是极其必要的，但同时有40%的教师认为"研修使自我幸福感缺失"。在调查前，学校原有的"哪里不足补哪里"的补差式研修已经没有太多的吸引力和实效性，我不禁思考另一种方式的可能性：我们总是运用"木桶原理"给教师补短，这个出发点固然是正确的，却把教师置于被学习、被研修的状态，这可能是教师在研修了较长一段时间后，疲态尽显的原因。于是，我和学校师训部门决定反其道而行之，尝试"反木桶原理"，发挥"长板"效应，开发"扬长"模式，突出针对性和灵活性的特点，满足教师专业化和个性化发展。

那么，谁来做"长板"呢？毫无疑问，当然是校内名师们。学校在原先开设的青蓝工程、教学沙龙、草根研学堂、红树林读书会等平台基础上，利用资源优势，重新搭建了三个项目：跟着特级教语文、数学相约星期三、明星教师微讲堂。

"上午第一节课，405班的教室里人气爆棚。不仅四年级语文教师来了，其他年级甚至其他学科的教师也都慕名前来，晚来一步的教师用尽了'洪荒之力'，也没挤进门，只能坐在教室外开始听课。"这是微信公众号描述的 2016 年 10 月 15 日上午的情景。2016 年 8 月，我以新的身份被调回奉化区实验小学，担任校长并兼任了四年级的语文课。那天是新学期的第一节语文课，是身为特级教师的新校长来上课，学生们尤其兴奋，教师们也格外新鲜。于是出现了"校长上课大家齐围观"的一幕。

面对教师们听课的积极性，我心头的愁云立刻散去。"如何传承创新示范的文化传统，提升教师的教学能力呢？"这个问题困扰了我近一个月。离开七年后接任实验小学校长，我发现因教师交流、支教等原因，骨干教师队伍输出过快，难以担当"示范引领"的重任。如今看到教师参与研修的热情，"创新研修资源与方式"的念头闪现。是啊，实验小学创新示范的文化传统就是要有"生活无处不教育"的资源意识，我想自己的示范课可以成为教师研修的第一驱动力。于是，我决定当第一块"长板"，每周开设一节示范课，将其作为语文组的研修资源。月末的教研活动中，全校语文教师对本月的四节示范课进行深入剖析研讨。至此，学校语文组创生出一个新的研修活动"跟着特级教语文"。之后，教研组优化活动模式，我每周固定上一节公开课，进行两次评课，上课的内容或是根据教学进度安排，或是由听课教师们依据困惑"点单"。"这学期教研组的主题是研究如何构建学习共同体，辛苦校长在上课时也能在这个专题上给我们组作个示范。"根据教研组的安排，我有意识地围绕学期研究主题进行示范展示，在学生发言的时候采取"小先生"制或小组合作形式。课后，我也会和听课教师当场进行交流、探讨，不仅让听众有收获，让自己也在展示过程中受益匪浅。

"穷则变，变则通，通则久。"校本研修以创新视角获得了更多的资源支持。数学组把握数学教研员每周三蹲点进校执教的机会，创新开展了"数学相约星期三"研修活动，把校内外数学教师集中起来定期进行同课异构专题研讨。

前两者都是学科教研活动，带头人分别是特级教师和区级教研员。值得一提的是明星教师微讲堂，相较于单一的学科教研受众有限的状况，这个项目才是普惠型的校级层面研修，因为其兼顾了不同学科、不同年龄、不同需求的教师。

为促进青年教师主动学习实践，我们组织"明星教师微讲堂"校本研修，倡导"他的故事我来讲，你的闪亮我来学"的活动理念，让学员教师从自身的教育教学困惑出发，在全体教师中发现"明星教师"的教学高招，通过采访"明星教师"、相关教师、所教学生等提炼出一位或多位教师的教学高招，通过"明星教师微讲堂"向全体教师介绍。

明星教师微讲堂在推行之初，由学校中层主讲，后来由学校的各学科优秀教师主讲，再推广至全体教师。"明星"不仅指学校里的骨干中坚力量，也可以指"明日之星"。每一位教师都可能拥有某一领域的"长板"，而这一"长板"的发掘与展示，会促进其他方面的更好发展，促使教师从经验范式走向研究范式。

每个人都起码要上一次讲台，对不少教师而言，这还是个挑战。毕竟以前参加研修只是坐在底下当听众，真听进去多少，有没有效果其实无从检验，现在却一下子成了主讲者，听众不是学生，却可能是比自己更有经验的前辈和专家。刚从讲台上下来的王琳，就坦言了自己的压力："比起语文和数学等科目的课前设计，我不知道体育课能讲点什么。"她在前期观摩了其他教师的讲堂后，给自己设想了好几个方案，到正式开讲的时候，她显得很紧张，直到讲起日常教学，播放课堂视频时，她才有了信心，到后来甚至可以脱稿侃侃而谈。

虽然每次站上讲台的只是一位教师，但是他们背后是整个教研组团队的力量。尤其是年轻教师，他们在开讲以前，会像磨课一样，反复地试讲、修改演讲稿，并请同事们提出意见，也会针对某一个话题，通过采访有经验的教师、学生、家长等，做足前期准备。

青年教师徐虹是六年级的一名班主任，进校才三年，要在以前，她是没有机会站到讲台上做一名分享者的，但是明星微讲堂给了她这个机会。她以"好威风的班主任"为题，讲述了自己作为旁观者感受到的校内两位班主任周明业、南亚莉的工作方法和策略。"作为一名新班主任，需要倾听别人、成长自己。前期我采访了咱们学校许多班主任，并从周老师和南老师的带队管理、卫生保洁工作等方面提炼了老班主任的管理经验，对比自己的工作与大家分享心得。"徐虹的演讲内容属于"倾听她和她的绝活"主题系列之一，而正是这项校本研修主题项目，被《浙江教育报》报道，获浙江省"十二五"精品校本研修项目。

校本研修，教师想听、有兴趣听，活动就成功了一半。创新了研修方式后，效果也就明显地呈现出来。如今每到固定的研修时间，各科教师们都会放下手头的事，赶来听讲座，万一错过了，还会私下里再向主讲者讨教。也许半个小时不足以让人立马学会一个特长或掌握一项技术，但只要能给教师们打开一扇发现新思路、新观点的窗，那么研修的目的也就达到了。

（此文写于 2017 年 9 月。）

以教人者教己

校本研修是学校教师专业发展的重要途径。经调查了解，各小学不仅保持着传统的两周一次学科组教研活动，较多学校还会每学期组织一次面向校外的展示研讨活动，其中的"请进来、走出去"是普遍的经验，听专家讲座、向名家学习是教师专业成长中的重要一环。但许多管理者也看到这其中的投入与产出并不成正比，尤其是受益面不广。

传统研修的困境分析

为调动教师参与研修的积极性，提升研修实效，我校努力更新研修方式，搭建具有时代气息的研修平台，组织青蓝工程(师徒结对)、教学沙龙、渲意笔会(论文研讨)、红树林读书会、草根研学堂等系列研修活动，但在新鲜感渐淡后实效又大大降低。到底是什么影响了教师研修学习的实效呢？

联合国教科文组织特别顾问安德烈·焦尔当(André Giordan)在《学习的本质》一书中提出了一些对我们理解这一困境最有用、最具操作性、最具感召力的因素。他认为："学习要以兴趣为出发点，学习者不能只是被动接收，必须要主动观察、比较、推理、创造、记录。""学习是主动与知识互动的结果。学习只能由自己完成，老师没有办法把知识塞进学生的脑子里。学习不是单纯地被动接收、学习不是简单机械地记录、学习不是信息和资料的堆砌。"其中，学习的主动性、契合性、综合性在很大程度上决定了学习的效果。对照传统研修活动发现，教师研修恰恰缺少了与之对应的"三力"。

教师研修缺少驱动力。当下许多教师是为在五年中获得一定量的学分而学，因此身到心不到；还有一些教师是为了配合学校管理者工作而学，作为工作的一部分而被动参与其中，是活动听讲者、被动接收者。教师普遍没有具体明确的发展目标，也就没有学习动力。

教师研修缺少贴合力。因为没有发展目标，近期任务成为教师唯一的学习动力，所以教师的学习就成为短视行为。例如，要上一节研讨课，怎样上好课成为研修动因与研修内容；要写一篇论文，怎样写论文成为近期研修重点。但教师的发展阶段不同，各人的近期任务不同，学校很难为全体教师提供对应适恰的内容。在研修现场会上，不少教师面对的并不是自己最关心的学习内容，于是出现各做各事的现象。

教师研修缺少推进力。目前的校本研修主要方式是专家讲教师听，名师示范教师模仿。"听"代替"研"，成为教师的单一学习方式，听专家讲，听名师上课，听教研员评课，很少有主动观察、比较分析、推理论证、阐述争辩、设计创造、综合呈现等启动高阶思维的研修活动。教师参加研修活动虽然开阔了视野，长了见识，却少了身体力行的实践探索，部分教师成了思想的巨人、行动的矮子。

"为教而学"的双重驱动

如何提升教师发展的"三力"，从而破解校本研修成效低的瓶颈呢？我们必须厘清教师为何而学、学什么、怎么学的问题。陶行知先生在晓庄师范寅会上的演讲给了我们很好的启示。他分别列举了邵仲香先生、韩凌森先生以及潘一尘先生的例子。"邵先生因为要教学生计算纳税，所以先把纳税的材料融会贯通之后再来教学生；而韩先生教武术的时候要一位同学发口令，由于该生要发口令，所以就必须对这套武术格外明了；潘先生则是由于要教小学生园艺，自己先学园艺，再进行教学生。"[1]从这些例证上，我们可以归纳出一条重要的学理，就是"为学而学"不如"为教而学"。"为教而学"必须设身处地，努力使人明白；要努力使人明白，自己便自然而然地格外明白了。这就是陶行知先生说的"以教人者教己"。

"以教人者教己"是陶行知先生办学校的根本方法之一。这个演讲所举的例子和"为教而学"的学理可以回答教师研修的目的、内容、方法三个问题。一是教师为学生而学，为把学生教好而学，为提高自己的教学水平而学。二是教师的学习应该着重于提升自己的专业知识，提高自己的教学技能。三是教师只有在自身实践与反思中才能真正提高教学水平。

---

① 原载于 1928 年 2 月 12 日《乡教丛讯》第 2 卷第 3 期。

这也是陶行知先生"做中学"教学理论在教师发展中的应用。

无独有偶，美国学者爱德加·戴尔（Edgar Dale）1946年通过大量实验调查提出了"学习金字塔"理论，他用数字形式形象显示了采用不同的学习方式，学习者在两周以后还能记住内容（平均学习保持率）的多少。在塔尖，第一种学习方式——"听讲"，也就是教师在上面说，学生在下面听，这种我们最熟悉最常用的方式，学习效果却是最低的，两周以后的学习内容只能留下5％。接下来依次为用"阅读"方式学习、用"声音、图片"方式学习、用"示范"方式学习、"小组讨论"方式学习、"做中学"或"实际演练"学习。最后一种在金字塔基座位置的学习方式，是"教授给别人"或者"马上应用"，可以记住90％的学习内容。爱德加·戴尔提出，学习效果在30％以下的几种传统方式，都是个人学习或被动学习；而学习效果在50％以上的，都是团队学习、主动学习和参与式学习。

"为教而学"简而言之就是"为了教授给他人而学"，综合两者的实践研究可知，"为教而学"能提升教师研修学习的实效，具备双重驱动力。一是明确了"为何而学"。教师研修是为学生发展而学，为自身发展而学，为师生的共同发展而学，明确目标就有了研修的主动性。二是明确"怎么学"。教师研修必须在实践中学习，在深入的实践中展开深刻的学习，明确方法就保证了研修实效。总之，教师唯有主动实践，才能获得最具生发力的自身提升。

"为教而学"的四个转向

为强化"为教而学"的研修理念，我们关注研修内容的贴地而行，注重研修过程的全面系统，实现研修方式的四个转向，从"听看记学"的传统研修转向主动实践的"为教而学"。

（1）从被动走向主动

传统的师徒结对后，学员都是在导师的指导下被动学习，或按计划被动地交作业。这期间的参与者也仅仅是导师与学员。为促进学员主动学习实践，我们组织"明星教师微讲堂"草根日常研修，倡导"他的故事我来讲，你的闪亮我来学"的活动理念，其间教师们还通过现场对话形成"场认同"。这项研修活动实现了学员、被访教师、"明星教师"三方面的主动实践。一是学员的被动学习转变为"质疑—解疑—阐述"的自我探究过程，学员为了承担二十分钟的讲堂任务进行了近两周的实践学习；二是有经验的"明星教师"往往上了一定年纪，他们实践经验多，但却无法讲清经验，只会实践不会阐述，现在通过学员的概括提炼，他们的实践经验得以推广；三是被采访的教师也加入对他人经验的总结活动中，讲述旁证互动补充。因为"明星教师"的经验来自本校教师团队，在研修过程中，教师在比照互学中学习投入程度更高。

2017年4月，李倩老师的微讲堂《故事知道怎么办》分享了教师利用"故事"这一手段开展教育教学的特色做法。她首先阐述了故事的作用，"故事……是有生命的。它真实的生命始于它开始活在你心中的那一刻"。"故事如风，来自远方，你心自知。"……接着她讲了一个疗愈性故事《星星苹果》，让大家现场体验故事的力量。之后重点分享了《李秀蕾老师的"O2O"》，介绍李老师利用微信工具指导学生练习讲故事的教学经验。最后李倩老师又分享了《用故事教育学生的王惠娟老师》，介绍王老师以感人的故事代替说教开展班级管理的经验，总结得头头是道。李倩老师虽为年轻教师，但心中有疑问就努力去观察、去"取经"，以便让听讲的教师能了解清楚。这位教师"为教而学"，为把学到的经验讲清楚，通过采访师生收集了非常丰富的佐证材料，有微信截屏，有学生被访视频，还有三位同年级教师的评价与建议。视频、录音材料纪实感强，具有说服力。虽然只有二十分钟的分享，但前期的学习过程展开得很深入，同时，锻炼了分享者的综合能力。

"别人不能替代他学习，但必须在场，因为学习者不能一个人学习。"在"明星教师微讲堂"研修活动中，我们看到一位学员的研修触发多位教师参与，成为全员教师的研修。

（2）从弥散走向聚焦

传统的学科组教学研修往往是学期初确定执教计划，学期中每次由一位教师按自己的想法执教一节研讨课，课后简单研讨或通过平台跟帖，周周轮换，直到期末结束。这种平推式的教研活动与个体研修没有太多不同，不能真正发挥集体研修的团队力量。如何借用学科组的力量对教学热点进行深入研讨呢？我们探索"一个主题四个阶段"学科教学研修，要求每个教研组学期初根据教学热点问题商定本组研讨主题，在学期中展开"学习思辨—实践体验—研讨提升—反思总结"。学习思辨阶段要求学科教师在规定时间内寻找与研讨主题相关的学习材料，如教学理论、教学论文和教学案例等，展开个体学习与交流分享。实践体验阶段要求每位教师围绕研讨主题展开教学设计，并在年级组内进行教学研讨交流，形成初步实践体验。在此基础上，学科组确定较典型的几个研讨课例组织全校性学科教学研讨，设计主题观课量表，开展基于证据的观课评课。最后进入"反思总结"阶段，学科组教师反思总结课堂实践经验，提炼出与研讨主题相关的教学策略、方法、路径。

例如，语文教研组把握教学风向标，商定学期研修主题为"语文教学中的学习共同体创建"，学科组教师就主题学习了"学校的挑战——创建学习共同体"等有关书籍资料，形成一定的理论高度和间接经验。接着展开实践体验，并开展年级组内的教学研讨，各年级形成一定的实践经验和教学案例。有的年级组探索了小组合作学习的设置要求，他们认为在小组合作中要有组长、组员、记录员、汇报员的角色分工；有的年级组探索了小组合作有分步学习要求，他们认为小组合作的前提必须是"各自学"，只有带着各自的学习成果才能形成有效的讨论交流。在研讨提升阶段教师们重点研讨了本校特级教师执教的《〈小鹌鹑〉阅读赏析课》，长长的作品被分段分组阅读，形成阅读冲突，教学中先后组织"异质分组、独立学习""同质分组，思维碰撞""回归原始、头脑风暴"等学习合作活动，最后使学生获得阅读提升。在反思总结阶段，教师们围绕"学习共同体创建"撰写了学科论文，组长还撰写了研修活动案例。

"一个主题四个阶段"的研修模式使研修主题更加明确。聚焦主题的研修使教学研讨走向纵深，使每个组内教师成为这一专题的实践专家。

(3)从碎片走向系统

传统的学校教学研讨展示往往是几节课的拼合，有时围绕一个主题呈现学校在某一学科上的专题研修成果，就学校活动层面形成研讨的主题化与专题化。但就一位教师而言，他只是展示了其中一节课，到了下一次教学研讨展示时，又呈现了另一个专题探索，这样的探索往往是碎片化的，没有形成个人的系统研究。那么如何促使教师展开系统研究，形成一定的教学风格，呈现个人专题研究呢？为此，我们改变了传统的"拼盘式"课堂教学展示模式，专门开设了"创实课堂"个人教学展示活动；包括开设"课堂教学＋学生展示＋专题报告"系列活动；为教师搭建展示教学个性的平台，鼓励教师在形成一定的教学主张后进行申报展示。此项个人教学展示会初具"个人教学思想研讨会"的模式，需要有较强的教学理论积淀与教学实践能力，往往需要有两年的准备时间。"没有动力就不会有学习!"任务越大,动力越足,学习越深入。教师以自身的教学探索为起点,撰写论文,立项课题,丰富实践,提升学生的学科素养。教师也可以邀请所带学员组成展示团队,体现个人研究推广的广泛性。

2017年4月,学校数学名师刘善娜开设了以"有意思的作业促动自我发展"为主题的个人教学展示活动,2018年刘老师获评浙江省特级教师。2018年5月,英语名师俞林开设以"走心式"英语对话教学为主题的个人教学展示活动,2022年俞老师获评浙江省特级教师。我也示范引领,携工作室团队开设了"链接式语文教学"个人教学展示活动;美术名师开设"乡土美术创课研究"教学展示活动;音乐组团队合作开设了"宁波走书进课堂"教学展示活动。我们注重系统思考与实践,加强研修提升,呈现的教学探索更具新鲜感、立体感和纵深感。

体现教师个人教学主张的展示活动促使教师确立了三年发展目标,获得了长时限的任务驱动,探索了课堂教学、课题研究、学生素养等全面提升的系统化实践,获得了研修学习的持久力,并形成较广泛的影响力。

(4)从封闭走向开放

校本研修从研修内容而言,应包括课堂教学、课后辅导、考查命题与评价反馈等教学所有环节。其中教师课堂教学能力的提升是传统校本研修的重点,而课后辅导成了教师的单打独斗,严肃的考试命题往往是骨干教师或外校教师承担。可以说,教学过程的后续几环成为校本研修的盲点。而考试不仅具有甄别功能,更具有评价反馈功能,教师在"教什么、怎么教、评什么、怎么评"方面需达成一致才能形成教学的良性循环。而后续几环的研修因考虑到考试的严肃性、公平性,顾及到要体现考试的甄别功能,因此这几个环节未作开放性研讨。如何提升教师试卷命题、试卷分析的能力,从而提升教学能力呢?"为教而学"的校本研修应涵盖教学的全过程。为让全体教师能坐而论"卷",我们打开禁区,从封闭走向开放。一是期初组织教师研读课程标准与教材,人人命题,对标研讨,有理有据地讨论试卷是否符合学段要求和具体教学目标,这一过程使学期教学目标越辨越清、越研越准;二是改变密封订卷、教者回避、流水批改的传统改卷方式,年段内开放改卷,每位教师完整批改各班试卷若干份,批卷过程成为学情对比的过程,教师从学生答卷情况看到了自身教学的优势和劣势;三是分析交流,教师之间就具体试题细项交流教学心得诀窍，相互请教，取长补短。

在"教评改"监测研修活动中，"对标命题＋开放改卷＋对比分析"一以贯之，教师主动研读课程标准，把握教学目标，参考他人经验，反思自身教学行为，展开观察、比较、分析、反思等研修行动。开放式研修打通了教与学的通道，使教师对标定教，以评促改，研修力得到加强。

"为教而学"的研修理念改善了研修生态，许多教师确立了发展目标，从卷入到沉浸，形成主动实践的校本研修新样态。

（此文发表于 2019 年第 6 期《生活教育》，收入本书时略有修改。）

在校本化教育实践中成长

作为一名校长，对于"教育家""教育家型校长"的认识更多的是一种理想探寻。从自身的校长工作经历和名师成长经历中提炼"成长营养"，尤其是从众多教育家的成长历程中寻找成功秘诀，可以发现许多教育家或教育家型校长在校本化教育实践中得到成长。

有专家把教育家群体分为理论型、实践型、理论与实践相结合型三种类型，那么，中小学校长的成长目标理所当然是实践型教育家。实践型教育家的主要任务是依据正确的教育理论，有效地解决教育实践问题，同时在解决教育难题的实践中探索出新方法、新理论，为原有的教育理论体系或实践模式增加可供选择的新的内质。这里的教育实践不是照搬理论，而是有针对性地实践创新，是解决真问题寻求真知的实践，对于校长而言，是就本校的实际情况开展的具有个性化的有特色的教育实践，这样的教育实践强调"校本化教育实践"。其中强调的"校本化"凸显了基于学校发展的教育实践对于校长成长的价值和意义。

那么，作为一名校长，如何在校本化教育实践中把握本质，得到有效成长，向教育家型校长这一目标迈进呢？我认为可以用以下四种方式去践行。

从"行"而行

形成自己独特的教育思想是成为教育家的关键所在。正因如此，现在的校长名师行列里著书立说者多如牛毛，但其中有鲜明观点者不多，多的是"写手"。其实独特的教育思想不是写出来的，而是做出来的，是从教育实践中得出来的，是从教育行动中悟出来的，教育思想来源于对学校的关注、对实践的重视。为促进学校的发展，我从学校现实问题出发，专注实践探索，迈出最扎实的一步。实践出真知，对教育规律的探索要从实践中来，并在实践中不断完善。

我国现代儿童教育家陈鹤琴在儿童心理方面与幼儿教育方面的研究取得了丰硕的成果，这都是他自身教育实践的成果。他研究儿童，身体力行开办幼儿园，同时在自己的家庭里实施幼儿教育，以儿子为研究对象展开实践研究，并宣讲儿童心理和幼儿教育知识。1925 年，他根据教学、研究、观察、实验中所积累的材料，写成《儿童心理之研究》。其中第一章"照相中看一个儿童的发展"，发表了他的儿子陈一鸣从一个半月到两岁七个月的生活照片 86 幅，展示婴儿的发展进程。苏联教育家苏霍姆林斯基每天五点到校，从对前一天的回忆、思索、写作开始进入充实的一天，去校园巡视，听教师上课，还对"最难教育的学生"进行重点观察和教育。这一切实践促进了他的教育理论的提出，使《给教师的一百条建议》显得那样生动、鲜活、真实。同样，我国教育家陶行知通过"四块糖"来告诫孩子，帮助他成长。从这些教育家的经历中，可以发现他们走在教育实践的第一线，把学校当作教育的实验场地，他们通过自己的教育实践解决教育中的问题。

唯有从教育实践一线探索而得的教育理论，才是最鲜活最有生命力的。作为校长，我们要使自己站在教育实践、教育研究的第一线，努力去探索，成为一个研究者、教育家。

从"新"而行

陶行知在《第一流的教育家》①中说："敢探未发明的新理，即是创造精神；敢入未开化的边疆，即是开辟精神。创造时，目光要深，开辟时，目光要远。总起来说，创造、开辟都要有胆量。在教育界，有胆量创造的人，即是创造的教育家；有胆量开辟的人，即是开辟的教育家，都是第一流的人物。"从这段话中，我们可以发现，教育家的核心品质就是创新。只有创新，才能为已有的教育理论体系或实践模式增加可供选择的新的内质，才有可能解决现在教育理论和实践模式的难题。

从目前现状看，更多的校长处于事务型状态，而不是研究型状态。校长承担着管理的责任，目标定位于"管住理顺"，因此所应用的理论、经验、方法、手段基本相似。将别人的理论当作自己的理论，将别人的

---

① 原载于 1919 年 4 月 21 日《时报·教育周刊·世界教育新思潮》第 9 号。

实践代替自己的实践。这里的"别人"也许是异国的，也许是上一世纪的。然而时代的车轮在前进，我们处在新时代的学校里，面对新时代的学生，遇到的是新时代的问题，我们需要适应新时代发展的教育实践方法。校本化教育实践具有鲜明的时代特征，需要校长创新更多独特的教育实践方法。比如，现在沿海发达地区的农村中心小学，学生中有相当一部分是外来务工人员子女，他们来自全国各地，文化、语言差异较大，这样的教育情境没有哪个现成的规律能完全适用。校长必须以积极的态度去创新，创造出针对这一新现象的教育方法和教育规律。将不断创新的校本化教育实践厚积成校长创新的精神品质，这样的校本化的教育实践必定促进校长的成长。

从"真"而行

强调教育实践的"校本化"，就是强调教育实践的针对性。校长需要根据学校的实际情况探索真正的有效方法，做到因材施教。

举一个例子。现在中小学重视校园文化建设，但是我们发现一些校长忽视了文化的传统性，而采用了"拿来主义"。上海建平中学原校长程红兵这样剖析："假如把一所学校比作一株小草的话，我们应该寻找草根，寻找学校文化之根。每一所学校都有自己的历史，但很多学校不珍惜自己的历史，却去搬别人的文化。有的学校有悠久的历史和优秀的文化沉淀，但疏于总结、提炼和升华，去聘请从事企业形象识别的文化公司帮助本校设计文化形象识别系统，或者生搬其他学校的文化建设成果，导致了'文化移植'现象的产生。"

在校本化教育实践中，任何死搬硬套的外来研究都会显得有点乏力。其实任何一所学校都是具体的、独特的、不可替代的，它所具有的复杂性是其他学校经验不能完全涵盖的，也是教育理论不能完全验证、充分诠释的。因此，面对真实而有个性的教育情境，校长必须学会创造属于自己的教育实践方法，总结经验理论，探索属于自己学校的规律。校长只有针对学生实情、教师实情、学校实情，寻求最佳的教育途径、方法，才能发现真问题，研究真问题。当开展针对性很强的真实的研究时，校长也就向教育家型校长迈进了一步。

从"慢"而行

"慢"作为一个速度概念是相对的。30年，40年，还是50年没有定数，成长永远是慢的艺术。时间换质量，成为一个教育家型校长不是一蹴而就的。

在校本化教育实践中，我们需要花时间去了解学校的过去，触摸学校的文化经脉，寻根问源，规划明天；需要花时间去审视学校的今天，剖析学校存在的问题，寻找策略，探索前行；需要花时间去总结学校的成绩，感悟反思，寻找新的改进策略。在反复实践中，正如在沙中淘金，才能逐渐探索到教育实践策略，形成教育思想。创造了"第 56 号教室的奇迹"的美国小学教师雷夫在洛杉矶市霍巴特小学二十年如一日，在一间教室执教了所有的课程，创造了全美教育奇迹。恩雅校长从 1984 年开始担任海伦娜中学校长，直至 2003 年退休，在长达十九年的校长任期中摸索出独特的教育方法，打造出一个充溢着爱和生命激情的魅力校园。苏霍姆林斯基在学校工作整整三十三个年头，从实践中探索各种理论。

"慢"考量的是校长的教育实践态度和成为教育家的理想是否坚定执着。当下，有些校长会主动或被动地"快"起来：一是自身急功近利，一年一项成果，三年一种理论，这违背了教育实践的科学性；二是课题研究的不严肃性，从教育实践的探索看，似乎每一项课题的实验永远都是成功的，从未失败，于是校长也虚肿式假性成长；三是行政任命的轮岗制，许多地方规定校长三五年轮岗次，这导致校长对校本化教育实践永远陌生，永远肤浅，永远快速；四是为促进教育公平，似乎成功的办学经验可以不分地域地套用。这一切更需要校长有足够的"慢"的耐心迎接挑战，立足现实，实现理想。

在校本化教育实践中，校长努力对教育有认识，有思考，有主张，相信将思想者、研究者、实践者合而为一时，离教育家型校长的目标也就近了。

（此文写于 2010 年 10 月。）

网络工作室建设"云研修"

我于 2002 年获奉化市名师称号，2005 年获宁波市名教师称号，2007 年我成立了郭昶名师工作室，以小区域师徒协作发展为己任。2015年，浙江省教育厅根据《国务院关于加强教师队伍建设的意见》《浙江省人民政府关于加强教师队伍建设的实施意见》精神，结合教育改革发展实际，组织实施"浙江省名师网络工作室"项目。通过申报考核，郭昶名师工作室被命名为浙江省首批名师网络工作室。

名师网络工作室指的是在名师主导下，以学科带头人为核心团队，以师带徒为主要培养形式，共同开展基于线上和线下的学科研究、教改探索和教学磨炼的新型工作室，旨在培养一批学科名师，并依托网络充分发挥其在全省骨干教师培养、教学改革研究和学科建设方面的示范引领和辐射带动作用。

名师网络工作室的活动方式从线下转换为线上，那么，如何构建信息技术环境下名师资源共享及师资培养新机制呢？在历时五年的建设过程中，我们重点通过三个机制促进工作室成员从骨干走向卓越。

确立"云研修"理念

(1)研修理念：一朵云推动另一朵云

传统的线下名师工作室开展活动受时间、地点、人员限制，整个过程中，名师会以主角的身份主导、主控研修活动的节奏，总结活动的主要观点，使活动发挥最大功效。但基于网络的线上名师工作室，突破了时间、地点、人员限制，形成一个全息研讨场，给每一位参与者提供了发声的机会。因此，名师网络工作室旨在打造一个如天空般宽广的无局限交流场，让每一位成员、游客都像自由自在的云朵，呈现各自的精彩。

在这里我们可以听到众多声音的交汇，各种观点的碰撞。"教育意味着一棵树摇动另一棵树，一朵云推动另一朵云。"这也正是基于网络的名师工作室的"云研修"的理念。

（2）角色定位：从主席台研修转向圆桌研修

传统的线下研修活动，从组织形式和人员座次安排都凸现主席台、报告席的核心地位，自然形成一种以名师为领袖的气场，基本定位了主讲与听众的角色。而网络工作室化有形为无形，人人都是主讲者，人人都是听众。无形的主席台可以随时转换，发声者在哪里，哪里就是主席台。在这里，人人都可以发表观点，精彩的发布随时都可能使你成为现场核心，塑造起圆桌会议形态的研修气场。圆桌会议是一种平等、对话的协商会议形式，基于网络的圆桌研修同样以平等对话的气氛使各方声音、各种观点真实呈现，平等交流。

（3）交流方式：从名师布道转向智慧相生

一个名师工作室，不是只有一位名师在活动，而是有在名师带领下的众多教师在活动；名师工作室需要挖掘智慧，这绝不是挖掘名师一个人的智慧，而是开发众多参与教师的智慧和潜力。我们倡导把工作室网站建设成一个研讨争鸣的平台。无论是专题研讨、问题探究，还是课例研讨，都是众人智慧碰撞相生的过程。从这个意义上说，挖掘教学智慧是名师和参与者共同的使命和追求。其中的名师工作室网站是全开放全互动的平台，这里不再是名师的单向传道，而是打破时空的约束限制，使所有成员都可以跃上平台，打开视窗。

打造"云研修"团队

（1）构建"1＋10＋100"的三级"云研修"团队

基于网络全域开放的特质，名师网络工作室的参与人员既有名师骨干，又有骨干引领下的团队，还有慕名而来的教师，其中相对紧密的名师骨干团队共同组建起"1位名师＋10位学科带头人＋100位工作室学员"的"云研修"团队。"云研修"团队包括核心云、骨干云、辐射云三级。省特级教师为"核心云"，他们负责确立工作室研修方向。工作室以传承名师教学特色和育人风格为主要目的，从而提高学科带头人的教研能力和教学能力，助推教师专业成长。"骨干云"指的是10位工作室学科带头人，是工作室通过师带徒和参加集中培训等形式来提升发展的10名骨干力量。"辐射云"指的是每位学科带头人通过网络平台建成能辐射当地的教师空间名师网络工作室，通过网络辅导、在线答疑等网络研修活动，提高工作室的访问量和资源的应用范围，使工作室学员在学科成长方面得到最大限度的提高。

(2)协商定制团队与成员共振发展的规划

创立名师网络工作室的目的不仅在于宣传名师，还在于借鸡生蛋，产生名师效应，以培养更多的名师。我们要求成员从工作室的发展愿景出发，结合自身实际情况制定个人专业发展规划。通过制定成员专业发展规划，让成员的"个人愿景"与工作室的"共同愿景"融为一体，从而让每个成员都有明确的目标和方向，增强自我发展的动力。

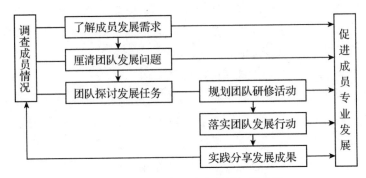

图 5-1 名师网络工作室发展规划路径

如图 5-1 所示，工作室实施"了解需求、厘清问题、探讨任务、规划发展"的路径，帮助工作室骨干成员确定每个人的发展规划。我们从个体发展需求中梳理出共性，确立团队发展目标，这样能起到优势互补的作用，使共振发展成为网络工作室发展的生长点，使保持个性、聚焦共性成为网络工作室发展的保障点。

(3)开展双线并进的个性化成长修炼

自主修炼，是名师工作室的本质属性，也是实现教师专业发展的"幸福之路"。为此，我们还对成员进行了问卷调查、访谈，对每一层级的成员提出明确而具体的修炼任务。在活动开展过程中，我们采用一种类似契约的活动机制，制定草根章程。通过线上、线下修炼，双线并进，实施成员"八个一"工程：关注一个教研主题(撰写一篇教学论文或小课题研究报告)；阅读一批儿童文学作品；写好一篇教材解读；上好一堂优质课；写好一篇课堂教学评析；编制一份试卷；写好一篇教学叙事；写好一篇"下水文"或生活随感。例如，在"阅读提素养"修炼活动中，工作室每学期会列出必读书目和推荐书目，要求每位成员在工作室网站的"学科论坛"发布每月读书计划，切磋读书方法，摘抄读书笔记，交流读书心得，以此夯实文化底蕴、提升专业素养。工作室成员在活动中阅读了大量教育教学的文献材料，在工作室网站发布读书随笔、读书心得。

开展"云研修"活动

(1)线上线下翻转研修

在"云研修"理念观照下，名师网络工作室可以把线下活动悉数推演到线上开展，如专题沙龙活动。这种形式在教研活动中最常见，也最容易组织。我们根据教学实际需求，设置包括"链接式语文""习作技能指导"等系列化专题活动，让工作室成员阶段性地围绕一个共同的话题进行深入研讨；采用主题跟帖的形式，前有车后有辙，交流便捷，不受时间限制，节约人力成本。道理越辩越明，很多疑难问题和困惑在共同参与的情况下得以解决。

再如课例研讨。大家围坐交流、研讨固然可以，但是考虑到我们的学员来自全省各地，为此，利用网络视频或文本形式将自己执教的课例拿来供大家研讨点评，更是十分简洁的形式，也有助于改变当前教研活动套话多、批评意见少、主题偏离的现象，网络发言更加理性简洁，允许众说纷纭，可以褒贬互见。在网络平台上展示，实现资源共享。

(2)团队合作课题研修

名师骨干在积极开展教育教学研究的同时，也能够带动工作室成员自觉进行研究。我们将科研能力和科研水平作为对工作室成员考核的一项重要指标。

首先是建立主题库。学科带头人将筛选、提炼出最有价值的研究主题，主要方式包括自下而上的归纳式、自上而下的分解式。其次是确立筛选制。引导成员自我反思，结合自己的专业成长阶段来选择，启动"案例研修选题会"，启动课题研究。最后是实施动态化。在实施过程中，工作室提倡同伴协作、加强交流，促进每位成员养成积极合作的态度、彼此信任的态度和开放的学习心态。实施动态化主要采用三种方式：一是基于工作室微课设计的情境体验式；二是基于工作室课例研修的沙龙诊断式；三是基于工作室论文研修的现场答辩式。

将课题研究与网站平台相结合，可以发挥最大优势，有效保证研讨的深入与资料的丰富，线上方式也给全体成员以全程的指导。

（3）多向交流合作研修

交流是研修的重要元素，有交流也有真正意义的研修。

师徒成长促反思。工作室要求每学期成员都要主动进行"网络晒课"，接受工作室其他成员的"评头论足"；在课后的课例分析中，都要从设计意图、教材处理、教后反思等方面作出详尽解读，自我剖析，积极反思，为工作室成员作出榜样示范。此外，工作室还经常提供一些指导教师成长和教师专业成长历程的案例，这对于明晰教师专业发展路径，促进教师专业成长都是十分有益的。

专家导航阔视界。工作室坚持"请进来、走出去、写下来"相结合的原则，一方面先后邀请了市内外重要的学科专家来区里讲座，充分发挥专家导航的重要功能；另一方面工作室又组织成员外出，参加高端活动，并写下心得发布在网站上。为了让名师工作室这一共同体的价值和生命力得到进一步的提升，我们拓展共同体研修方式，提倡各个共同体之间的碰撞交流，促进同行相亲相助，从而实现优势互补。一是异质工作室合作，二是同质工作室合作，借用"外力外脑"，参与"共建项目"，搭建"联盟平台"。

当然，我们认为，研修的最高境界必然是自由的，必然不能局限于一种或几种固定的策略。

建设"云研修"资源

好的网站可以承载三大功能：便捷的宣传辐射窗、虚拟的网络教研室、海量的教学资源库。这三大功能恰好也是工作室资源建设的目标愿景。为此，我们工作室以网站建设为抓手，努力把网站打造成工作室的名片。

（1）资源库共建共享，成为资源之源

在资源建设中，"简洁明了、实用为上"是我们对网站的基本定位，网站共设有链接式语文、名师课堂、名师频道、课题研究、学员足迹、教研活动、学科资源、在线交流八个板块，根据教学需要把板块再细分为若干栏目，最终共形成了 13 个资源库。例如，在"名师课堂"板块，设置"汇报课""名师视频""学员视频"3 个资源库，在"名师频道"板块，设置"课堂实录""教学设计""论文案例""学无止境"4 个资源库。网站实行会员制管理制度。工作室成员首先是网站会员，每周至少做好"四个一"工作(上传一篇教案、一个课件、一份练习，推荐一篇好文章)；其次工作

教育·为成长提供支持

室成员也是网站管理员，每天至少登录一次，分工负责相关板块的日常管理(如审核会员注册申请、审核上传稿件质量等)；最后工作室成员还是网络教研员，在网站的"BBS 论坛"开展网络教研活动，让网站成为"网络教研室"。

现在，资源库成为大家使用的平台。当我们的学员要找某方面资料时，首先想到的是到工作室来查找，这样，名师工作室就成功了。这一过程中，学员们为了上传资源，加强了资源的管理能力，形成了个人研修日常化的习惯。

(2)系列化专题轮动，建设特色资源

在公众号等多种信息资源并存的当下，名师网络工作室的资源建设会存在同质化现象，只有体现名师风格特色的资源才是具有示范辐射作用的，只有对教学中的某一专题进行深入研究的资源才具有前沿引领的意义。为此，我们工作室以每学期一个专题为研究热点，从计划到行动，从交流到反思，从总结到推广，共同实践探索。

以微课程建设为例，学员经历了成果实践研究的三个阶段。首先是专题构思，形成个体研究原点。工作室通过在线答疑，梳理教学热点、难点问题，并开展线上研讨，形成个体研究的原点。其次是范式梳理，形成个体研究序列。工作室群策群力，丰富研究支架。例如，"小学生习作技能指导 54 例"微课建设就习作教学的序列化、梯度性等疑难问题组织全体成员设计和编写高质量的学案，学案包括学习指南、学习任务、资源链接、困惑解疑等。再如，"统编版单元习作点睛 24 例"的微课设计为名师引路、指点迷津、佳作评说、素材宝库、同题习作五大板块。最后是成果物化，形成特色资源。我们将工作室的思考与实践转化为微课程、课题成果、系列课例、专题论文等，发布于网站，这样就建设了富有特色的教学资源。五年中，工作室先后完成了"小学生习作技能指导54 例""向你推荐一本书""听字理故事、学中华汉字""例文支援学习作""资料链接学阅读""统编版单元习作点睛 24 例"系列微课程建设，均获评省精品微课程。为更好地推广实践研究成果，我们工作室委托浙江电子音像出版社发行微课程系列光盘。名师领衔编辑了习作教学案例，出版了《小学支援型习作》一书。

名师网络工作室通过资源建设丰厚且具有鲜明特点的教育理念和研究成果，充分展示名师教育教学风格，汇聚工作室视频观摩、论坛交流、疑难解答、网上评课、网上磨课等形式活动的优质教学资源，提高了网络工作室的吸引力和影响力。

（此文入编 2021 年 5 月出版的《引领卓越——全国百家名师工作室发展启示录》，收入本书时略有修改。）

第六章
教育回归初心

　　时代在发展，教育应该是一个不断向前的过程，教育的方法永远都在更新与变革，这是毋庸置疑的。但对于教育者来说，我们永远有一个初心，那就是让教育适应人的发展，为社会培养讲道德的有用之才。所以，我们的教育不应该忘记"人"。

　　教育能为人的发展发挥怎样的作用呢？

　　柏拉图说："教育非它，乃心灵的转向。"我们可以这样理解：什么是教育？教育是为了人以后的生活所进行的训练，它能使人变善，从而高尚地行动。苏霍姆林斯基也曾写下对于教育的理解：我们的教育对象的心灵绝不是一块不毛之地，而是一片已经生长着美好思想道德萌芽的肥沃的田地，因此，教师的责任首先在于发现并扶正学生心灵土壤中的每一株幼苗，让它不断壮大。

　　教育，就是为人的发展提供支持，不仅着眼今天，更要为其一生的发展和选择提供帮助。

学校教育授业有时限，无法陪伴学生的一生；明天有太多的不确定性，学校教育无法为学生的未来发展提供明确的帮助。只有当学校教育成为学生的自我教育时，教育才能与其相伴一生；只有当学校教育培育了学生良好的学习能力时，学生才拥有了应对未来的永不枯竭的能量；只有当学校教育培育了学生良好的道德品质时，学生才拥有了未来的幸福人生。

最好的教育是陪伴

　　虽然《舌尖上的中国》是一部介绍中华美食文化的纪录片，但第二季第一集《脚步》讲述的故事引发了我对教育的思考。苗族母亲回家与女儿李建英团聚，制作鱼酱炖稻花鱼，在这个片段中，有短暂的欢乐："与其说捕获食材，不如说更像是一场户外的亲子游戏。"有伤感的解说："这是一年中最美味的团聚，也注定是一顿百感交集的晚餐。中国农村，6100万孩子的成长没有父母陪伴，这个数字相当于英国人口的总和，他们被称为留守儿童。"也有苗族女孩无奈地哭诉："爸爸妈妈回来我很开心，但是我知道他们又要走。我没有办法让他们留下来。"这与之前那欢乐的气氛形成了鲜明的对比，看来，孩子是多么渴望父母的陪伴啊！

　　其实，不仅是精神的满足，从教育的本质而言，陪伴能给予孩子成长所需要的所有力量。教育就是一种影响，是潜移默化的。从孩子的认知特点和成长规律可以发现，长期的、身边的、可感知的力量是最具影响力的。而父母的陪伴完全满足这三个条件。父母就是教育孩子的一种优质资源，在共同的生活中能给孩子长期的最日常的示范影响，不仅言传，更在身教。"只有你和孩子生活在一起，你的艰辛和对家庭的责任感才能成为教育孩子的一种优质资源，孩子才可以很直观地看到生活的不易，看到父母的付出。这一切都有助于培养孩子的责任意识，也有助于培养孩子的感恩之心，同时能够激发其内在想要改变自己的愿望。"同样，在智力活动思维方式上，父母的创造力能点燃孩子的创造力，父母坚持不懈的品质能影响孩子。就这样，父母的智力因素与非智力因素会全部"遗传"给孩子。因此父母的陪伴，是对孩子最好的教育。

　　无独有偶，一名学生在学校网站"校长信箱"中给我留言："我不喜欢我现在的班主任老师，因为她不关心我们。当我们在长跑比赛时，她只是轻描淡写地问了一下成绩就走开了。"这位教师可能没想到，学生喜欢的是能陪伴他们一起成长的教师。学校班级是个大家庭，学生不想要教师的指令与监视，而期待教师与他们同呼吸共命运，需要的是分担痛苦分享幸福的同行者，共荣辱，同成长。教师需要有"蝴蝶敛住翅膀同青虫一起爬行"的陪伴意识。

教师和家长都应直面孩子的成长，只有热爱孩子的人，才甘愿敛住翅膀，同青虫一起爬行，掠过草地和田野，将见证的每一步成长步履都视作人生旅途中的美好，陪伴他们成长蜕变，迎接翩翩起飞的未来。

教育是什么，教育不是完美无缺，它的价值不在一时一事，教育是一种让孩子能够自我认知和自我提升的引领和唤醒，甚至有时教育仅仅是一种关注和陪伴，一种让孩子能够自我悔悟和自我实现的关注和陪伴。

最好的教育是陪伴，让我们谨记践行！

（此文写于 2014 年 6 月。）

先有父母心

我们常讲：教书育人要守初心。那教育人的初心是什么呢？

2016 年，我调任奉化区实验小学校长，着手新校园迁建工作。新校园于 2018 年 3 月动工，由于工期紧，又遇绵长的冬雨季和梅雨季，建设进度比原计划慢了。当学期末"告别老校"的典礼过后，学生和家长们都密切关注新校的建设进度。

暑假已开始，许多家长看到新校园的田径场塑胶跑道才刚刚动工，道路还未平整，闻到新校园工地上的油漆味、粉尘味、柏油味时，心也焦灼起来。家长们都从关心孩子的身体健康出发，以"甲醛超标"为由，拒绝在新学期搬迁，猜疑"老校园还在，为什么要赶时间搬入新校园"的安排有何用心。家长多次通过信访、对话等方式，提出"老师的良心在哪里"。

"良心何在"如重担压在我一校之长的肩上。既要打消家长的疑虑，又要顺利完成新校园搬迁任务，这给我们提出了工作的高要求。为师者也是为父母者，我与老师们也理解家长的关爱之心。学校整体迁入新校园是为给孩子一个良好的学习环境，现在新校园的空气质量都无法保证达标，那就违背了搬迁新校园的本意。因此，我们班子商定把"关爱孩子健康"作为搬迁工作的首要考虑点。于是，我们从关爱孩子身体健康出发，严把空气质量关。

在接下来的工作流程中，我们以"为人父母之心"来安排工作。7 月中下旬，我们委托专业检测机构对新校园开展首次室内环境空气质量检测，所有教室的检测数据都合格，作为校长我终于可以舒一口气了，我们开始为实现"如期搬迁"与"关爱孩子"的两全其美而努力。8 月中旬，课桌椅搬入教室后，我们对室内环境空气质量又进行了自测，两次检测结果均合格。8 月 23 日，专业检测机构对新校园再次开展室内环境空气质量检测，检测结果为合格。检测过程中，我们邀请了部分教师、家长代表及新闻媒体参加现场检测。收到检测报告后，我们第一时间通过各类媒体、政府信息公开渠道向全社会公布。为保证搬迁工作顺利进行，确保空气质量的安全，在空气质量检测合格的前提下，我们对所有教室、综合行政楼等功能室进行了除甲醛等空气净化处理。同时，认真做好家长工作，组织班主任开展专题家访 130 余人次，耐心细致答复部分家长疑虑。有特殊设计要求的功能用房(综合楼四楼三间音乐室和一间舞蹈室)新学期学校暂缓使用，音乐教学活动将统一安排到五间备用教室开展。

9 月中旬，学校应家长使用旧课桌的要求，搬离新课桌到空余教室集中通风。9 月 22 日，学校根据 60 名家长(孩子有鼻炎、哮喘等)的要求，邀请检测机构采用 GB/T 18883—2022 民用推荐性检测标准(原为强制性标准 GB 50325—2020)对三幢教学楼进行室内空气质量检测，我们抽取了 9 间教室(每个年段有一个以上教室被抽取)，密闭 12 小时进行取样检测。29 日检测数据显示甲醛、苯、氡等指标均合格。学生家长的顾虑打消了，我们也为多次检测付出的努力感到欣慰。我们投入更多的精力进行食堂、办公设备、教学设施等的调试运行，如学生饮用水、食堂用水用气方面，我们也联系市场监督局、专业燃气公司进行最后检测。学校制订了新校园学生接送、用餐、出操等校内外运行方案。10 月 1 日前，学校完成全部调试和试运行。10 月 1 日到 10 月 5 日完成整体搬迁，10 月 6 日，全体教职员工参与模拟运行。10 月 6 日下午迎接学生家长，让他们熟悉入校路线。10 月 7 日完成最后调整。10 月 8 日新校园正式使用。

10 月 8 日，实验小学顺利搬入新校园。看着家长陪伴着孩子欣喜地参观校园，走入教室，我们无比欣慰。我和老师们深知，交通、饮食、空气质量都牵动着每一位家长，当我们与孩子、家长站在同一方向来思考时，矛盾就化解了。

"人民对美好生活的向往，就是我们的奋斗目标。"教育是人民群众生活中的心头事，所以我想可以这么理解，守初心就是要先有父母心，再做教育人。

(此文写于 2019 年 11 月。)

如橡树一般成长

随着时间推移，我担任校长的经历渐长。本以为可以驾轻就熟，但对学校的感情浓度渐渐加深，责任感常常会逼上心头，内心萌发的关于学校工作的想法就越来越多，足可以把整个学期的行事历排得满满的。虽然如此，但心里还是一再告诫自己，需要我们整个教师团队努力做的事，还得一步一步来。

我回想起彼德森的《让我慢下来》一文，重新翻阅，更是感悟颇多。

让我慢下来，

让我用头脑的平静抚平狂跳的心。

让时间永恒的信念，

平稳我忙乱的脚步。

在一天的迷茫中，

请赐给我山丘般永恒的宁静。

用我记忆中欢唱小溪的美妙音乐，

驱走神经和肌肉的紧张。

教给我体会休闲的艺术，

慢慢静下来看一朵小花，

与朋友聊天，拍一拍狗，

对一个孩子微笑，

从一本好书中选出几行，

认真品味。

每天提醒我，

比赛并不是最快的人赢；

生活中有比增加速度更多的内容。

让我每天仰望那高塔般的橡树，

明白它长得又高又壮，

是因为它缓慢而健康地成长。①

是的，橡树粗壮高大，树冠繁茂，材质坚硬，是因为有了充足的阳光、水分与时间的积淀。学校教育承担着育人的大事，绝不能一蹴而就，速度快了不一定是件好事。育人同样需要植根沃土，稳健发展。

学校的发展需要一个长期的规划。通过前几年的努力，莼湖镇校拥有了较为齐全的教学设施，接下来需要着力加强校园文化建设。莼湖镇校地处海滨，打造富有地域特色的"海洋文化"是我们的定位。这一文化品牌战略的实施需要做的事情很多，较为显性的就是在校园环境布置上凸显浓浓的"海味"，包括建设连通三幢教学楼的海洋科普长廊和有传统历史文化的海洋标本室。但仅有这些是远远不够的，提升教师的大教育观、课程观，增加教师相关的知识储备，建设"海洋文化"校本课程，开发校本教材，启动特色中队建设，开展"人与海洋"学生小课题研究等，都需要步步落实。

教师的发展也需要一个过程。确定好正确的目标，发展才能顺利。从目前学校的师资力量看，提高教师的专业化水平是亟待解决的问题。首先，我们的教师普遍年轻，教龄短，专业发展刚刚起步，需要在专业化知识和教学技能方面加大培训力度。其次，整个师资队伍中，除语文、数学科目外，专职教师极其缺乏。学校在与教师共同协商基础上，需要对教师专业重新定位，从而打造出一个适应学校教育需求的师资队伍。师资队伍调整的过程简单而短暂，但每位教师能真正从新的定位做起，直到胜任，乃至精通却是一个漫长的过程。

学生的发展更有成人无法理解的成长速度。首先对于我们每位教师而言，需要寻找到孩子成长的节奏。"不患人之不己知，患不知人也。"作为教师，如果能蹲下身子，多站在孩子的视角看问题，那么就不会再为孩子的调皮而大动肝火，不会再为孩子的一错再错而指责其愚。其次就每一个学生个体而言，成长速度各异。在大班化教育中如何考虑学生个体发展，让教育适合每一个孩子，是我们该努力的。贪多求快的学科教

---

① 转引自刘春平：《花间拾光》，157～158 页，南昌，江西教育出版社，2022。

学，流于形式的德育说教，这些难题的破解成为我们必须努力的方向。教育是一种掌握种种细节的需要耐心的过程，一分钟，一小时，日复一日地循环。从孔子的"因材施教"，到今日的科学发展观，落实于教育工作中，创建适合学生发展的学校是我们的目标。

四季轮回，岁月流转，一个学年临近结束的时候，也是新的学年即将开始的时候。在快节奏的工作中，我们期待着学校的发展、教师的进步、学生的成长，能够踏实稳健，如橡树一般！

（此文写于 2010 年 6 月。）

在喜迎中国共产党建党 100 周年之际，学校在全体师生中开展了中国共产党党史教育。教师们利用夜学时间集中学习了《见证初心和使命的"十一书"》(简称《"十一书"》)微纪录片。《"十一书"》选取了 11 位共产人的感人素材，展示了共产党人用生命和鲜血铸就的信念与忠诚、永远坚守的初心和使命。教师们通过重温 11 位共产党人的感人故事，感悟初心使命。

微纪录片简短凝练，也是学生接受党史教育的好材料。如何激发学生的观看热情，使学生从小接受党史教育呢？教师们认为师生互动最频繁的场所是课堂，结合学科教学开展党史教育是一条有效的路径。于是，我们倡导党史教育进课堂，在学科教学中渗透开展。教师们通过挖掘潜在的学科教材结合点，生发渗透，以《"十一书"》为教育发端，在学生中开展党史教育。

小学道德与法治、语文、音乐学科具有较强的思想教育性，尤其是语文教材里有许多革命先辈们的英雄故事，适合渗透党史教育。

2021 年 4 月初，葛林高老师执教五年级"清贫"一课，实现了党史教育与语文学科的深度融合。《清贫》一文是革命烈士方志敏于 1935 年 5 月 26 日在狱中创作的一篇散文。这篇自序式随笔不过几百字，语言朴实无华，内容却极为深刻，全方位地写出了方志敏从过去到现在，从个人到家庭，一生清贫朴素的崇高品质，使读者不仅了解了方志敏被捕搜身一事，而且看到了他的清贫一生。在文本阅读与品味的基础上，葛林高老师结合课文向学生推荐了纪录片《"十一书"》。

师：同学们，《清贫》一文是革命烈士方志敏在狱中所写。学完课文，你觉得这篇文章最想表达的一句话是什么？

生：清贫，洁白朴素的生活！

师：方志敏是对谁说？说这句话的目的是什么？表现了他怎样的内心想法？

生：这是他对党说的话，表现了他对中国共产党的忠贞不渝。

师：好！这是一篇"忠贞书"。

生：这是他对他的孩子们说的话，教导自己的孩子要保持清贫本色。

师：这样说来，这是一篇"示儿书"。

生：这是他对敌人说的话。敌人搜身要钱财，他觉得很可笑。写下这些话，就是告诉敌人共产党员与国民党不一样，革命不是为了发财，而是为了给中国人民创造一个崭新的中国。

师：可以说，这是一篇"嘲讽书"。同学们，每个真正的共产党人心中装的都是祖国的命运、人民的幸福。你们看——（教师播放《夏明翰的"就义书"》片段。）

师：同学们都被革命烈士为革命献身的精神所感动。今年是中国共产党建党100周年，老师推荐大家去观看《"十一书"》微纪录片。在《"十一书"》里，有贺页朵的"宣誓书"、左权的"决心书"、赵一曼的"示儿书"、夏明翰的"就义书"、陈毅安的"无字书"……"赤子丹心昭日月，英雄肝胆映山河"，请同学们认真观看，去学习，去缅怀。我们在明天的队课中交流"我心中的革命英雄"。

"但肯寻诗便有诗，灵犀一点是吾师。"葛林高老师的探索成为一个成功的范例，点燃了教师们的教育热情。李倩老师执教四年级"为中华之崛起而读书"一课，为落实课后小练笔"我为什么而读书"的教学，先是解说了周恩来青年时期与同学们的约定——"愿相会于中华腾飞时"，接着通过PPT展现了祖国日新月异的科技进步。而后页面一转，呈现出当今中国在科技创新、医疗健康、粮食生产等方面的发展依然有困难，于是李老师引导学生发自内心地立下自己的志向。当学生纷纷结合自己的理想立志报效祖国时，李老师总结同学们的话说："你们的志向可以用一句话来表达。"随后她出示一张鲜红的页面，上面写着"不忘初心，牢记使命……"。她问学生们："你们为什么而读书学习呢？"学生们就像课文中的少年周恩来一样，清晰而坚定地回答："为中国人民谋幸福而读书，为中华民族谋复兴而学习。"

为使"党史教育进课堂"开展得更普遍更有效，我们以典型课例为起点，研讨学科渗透教学的规律，形成"立—链—拓"三步教学法。一是寻找合适的教学内容，确立教育主题。二是寻找教学生长点，链接相关的党史教育材料。三是拓展学习时空，引导学生自主阅读学习。我们把优秀的课堂实践汇编成《润物有痕　教育入心——党史教育进课堂学科渗透案例集》，使老师们有章可循，有法可依。

党史教育进课堂的学科渗透，需要帮助学生穿越百年历史，消弭历史陌生感，激发学生阅读学习百年党史的兴趣，架构起沉浸共情的平台。如何激发学生阅读党史的兴趣，让少年儿童对厚重的历史产生共情，让党史教育进课堂产生真正实效呢？

其一，知与史同修，让学习融汇古今。在道法、语文、音乐等学科课堂上所学习的一个事件、一篇文章、一段音乐所承载的，往往是一痕印迹、一串记忆、一段历史。而这痕印迹、这串记忆、这段历史只有放在时代的长河中让学生去观览，才能让他们看清、看真、看透。

在学科教学中，教师将历史的印迹通过"演绎放大""链接拓展"，便实现了本课所知与时代历史的对接。方志敏的"狱中书"与夏明翰的"就义书"的对接，乃至于"十一书"的拓展，甚至于"英雄革命史"的队课演绎，让过去的历史在学生眼前复现，让学生不仅"知此"，更能"及彼"。

其二，史与心同修，让学习润泽灵魂。对于学科教学中的人文主题，学生一读、一听便可大致得知。然而，此时的"知"只停留在"了解"的层面。要想让他们进一步"领会""体悟""分析""评鉴"，需进入人文表象的深层境界。

例如，在"清贫"一课的教学中，教师通过不断引导学生探究方志敏想对谁说什么，从而发现文本所传递的"忠贞书""示儿书""嘲讽书"等的特质，让学生有一个多元的认知体悟。学生从不同角度得到了灵魂的润泽，这对他们的心性发展是大有裨益的。

其三，心与行同修，让学习作用人生。历史的对话不能仅停留于口头与文字，更应付诸行动，达到心与行的同修。正如在"为中华之崛起而读书"一课的教学中，教师将过去的历史与现实的社会、生活进行了链接，使学生真正意识到修身、修心、修行，正身、正心、正行，是任何时代都需要保持的本色。

学校通过党史教育进课堂，又由课堂教育拓展到课外阅读，从而让学生传承红色基因，通过各种主题活动身体力行地落实于生活点滴，心与行得到有机地统一。

党史教育进课堂的教育实践提高了教师们的党史学习意识，增长了他们的党史知识，坚定了他们对党的忠诚，提升了他们自身的政治素养。学生们回望党的百年岁月，逐渐了解了中国共产党风雨不息的发展历史，中国共产党艰苦卓绝的奋斗历程，了解了领袖的运筹帷幄，了解了先辈的筚路蓝缕，了解了英雄的栉风沐雨，并被他们深深地感动。在"读红色经典，忆峥嵘岁月"校读书节活动中，学生们非常投入地阅读革命先烈的故事，阅读从课文中延伸的《小英雄雨来》《小兵张嘎》《狼牙山五壮士》《可爱的中国》等书籍，并写下读后感，传承红色基因，立下报国志向。

"以铜为镜，可以正衣冠；以史为镜，可以知兴替；以人为镜，可以明得失。"党史教育进课堂的学科渗透意义重大。党史教育进课堂，使党史教育在课堂上有了生长点，确保了党史教育的兴趣启动、内容关联、方法链接、情感提升的教育路径通达学生身心。为让党史教育入心有痕，还需要进一步在课堂教学与校园活动中搭建学生践行的平台，使红色党史的宣传、红色基因的传承以及党的接班人的培育形成一条教育链，促使知行合一，师生共进。

（此文写于 2021 年 5 月。）

让榜样的美感激励学生

德育工作在学校教育中存在两种形态，即教师说教型和活动实践型。这两种方法各有其优势，但缺点也相当明显，教师说教型存在道德说教现象，快捷明了但不入心入行；活动实践型重活动轻教育，有教无育。如何凸显以生为本，让良好品德从学生内心萌芽生长呢？

教育是帮助学生去发现真、善、美。在学生思索着身边发生的一切时，教育者应该去帮助他们，向他们指出生活中的美。我们认为，人人心中都应当有一个"榜样"，将榜样的精神移植于心，让学生的道德成长向善而行，这就是榜样的美感。

榜样教育作为一种德育方法，由于其本身具有示范性、激励性、生动性的优点，可以有效弥补道德说教的不足。我校在"创新实践"理念引领下，以"自主发展"为导向凸显榜样人物的引领作用，在学生实践和体验的基础上，开展"榜样教育"。学校的榜样教育发挥着同伴教育的价值，以同学间共同成长、相互支持的理念引领学生。同伴的良好行为，成为"我能做到"的直观榜样，让学生反思自身的行为，形成规则意识，更重要的是榜样能够引导学生进行对照式的自我反思，从而实现更好的德性成长。

促进榜样教育的生成培育

道德榜样的生成、培育和树立要立足学生发展，因此在榜样人物的培育中，学校努力体现以学生为主体，以校园节日、主题活动、社会实践等活动体验为手段，以促进品德发展、培养核心素养为目标的三维一体的培育模式。

(1)努力凸显"学生主体"的逻辑思维

我们注重从学生群体中寻找、树立榜样。因为同辈群体交往时更容易产生共鸣，表现出平等的关系，使学生产生较高的心理认同感。开展榜样教育，将同辈群体中的优秀学生立为榜样，引领学生去学习同辈榜样身上所代表的可贵精神，从同辈榜样身上汲取智慧和力量，追随榜样，用榜样的力量激励自己砥砺前行，经过多元考核，争做下一个榜样。同时，在校园榜样文化的建设中，我们以学生的视角布置"我们的荣誉""我们的五色花""我们的榜样"等墙面文化，凸显学生的主体地位。

(2)全力构建"生活场景"的实践思维

我们开展榜样教育特别关注学生的实践和体验。搬入新校区后，学校提供大量的实践，让学生们参与新学校的环境建设。例如，有美术特长的学生手绘教师画像，展示我们的教师风采；摄影社团、"点墨"书法社也都有自己的作品墙……他们的作品长久地展示在校园里，激发了榜样教育的生命力。

(3)奋力促成"榜样追随"的哲学思维

在哲学思维态度下，榜样教育不再是模仿好的行为，而是追随理想人格。2021 年年底，建党 100 周年献礼片《同学们好》在我校拍摄录制，针对小学生追星的狂热现象，学校开展了"我与演员面对面"主题活动，引导学生了解明星演员光环背后的辛勤付出，感受他们坚持不懈的优秀品质。各班学生也在参与群演的过程中，感受到了拍戏的艰辛和大小明星们的刻苦不易。将偶像转变为榜样，并将榜样精神品质内化，重视以特质为核心的榜样深度学习是开展榜样教育的关键。

提升榜样教育的德育实效

学校从积极心理学的角度开展"榜样教育"，从系列化的榜样评比、分层化的榜样选树、主题化的榜样活动等多方面探索，"三化协同"提升德育实效性。

(1)榜样评比系列化

首先，学校开展了"每月争做小标兵"活动，如"光盘小标兵""礼仪小标兵""劳动小标兵"等，榜样类型涵盖礼仪、行规、安全、学习等各个方面；制定各项小标兵细则，最终评选出班级小标兵和校级小标兵。其次，学校提出"观察一周，人人争做小标兵！"口号，表现好的学生成为视频拍摄的主角，其班级被评为"榜样示范班"。整个学期中，"人人争做小标兵"系列活动营造全员覆盖、全程参与、全域联动等成长全息情境，让学生成为自我管理的主人。在疫情的特殊时期，学校组织了"健康宅家小标兵""创意宅家小标兵"等评比活动。多样化的榜样类型、系列化的标兵评比，促进了学生德智体美劳全面发展，将学校榜样教育真正落到实处。

(2)榜样选树分层化

在标兵评比中，学校根据学生年龄特点，对于同一个标兵称号设置不同的榜样细则，不同年段要求不同，体现榜样教育的层次性。在低年级段，榜样教育的重点在于培养学生良好的生活习惯、基本的社会礼仪和常规的自护自理能力。这个阶段更加注重教师的引导和监督作用。到了中高年级段，榜样教育更多侧重于引导学生对社会现象和问题的认识，帮助学生树立正确的世界观、人生观和价值观，引导学生过有创意、有品质的生活。同时关注两者的过渡和衔接，使之保持一定的连贯性。

(3)榜样活动主题化

为了避免德育活动零敲碎打，我们把榜样教育和校园"四节六季两实践"、主题活动日、学生会堂活动相结合。我们把榜样教育和一年级的入学季整合，以"扣好人生第一粒扣子"为主题，精心编制入学手册，刚入学的学生行规谁来教？榜样来教你。只要扫描书册中的二维码(榜样教育——文明就餐)，就能看到榜样们的各类视频，在直观形象的学习中潜移默化地提升道德品质。

架构榜样教育的长效评价

(1)奖励"校藏作品"证书

对于榜样教育中涌现的特长生榜样，学校设计制作了"校藏作品"证书，获得证书的有手绘"校园平面图"的学生，有用超轻黏土为交警制作警察人偶的社团学生，有用印染作品装饰食堂餐厅的草木印染社的学生等。学校在全体学生面前举行颁奖活动，激励全体同学向榜样学习。

(2)设置"红领巾奖章"

2020年3月，全国少工委启动了新一轮的"红领巾争章"实施办法，作为区级的试点学校，我校的少先队经过几个月的努力，制定了《实验小学"红领巾"争章细则》，制定"三气"特色奖章，将"每月小标兵"评比纳入了争章活动，拓宽了榜样教育的外延，"争章时刻""补章时刻"让榜样教育的评价更加规范化、系统化，提升了榜样评价的长效性。

(3)评选"三气奖学金"

"三气奖学金"是学校为充满"正气、儒气、灵气"的优秀学生设立的奖励评价机制。以往学生成绩是奖学金的唯一依据,开展榜样教育后,学校将榜样评比结果以量化的形式纳入奖学金的考核分,占比百分之三十。奖学金考评机制,丰富了榜样教育的评价方式,保障了榜样教育的成效。

拓展榜样教育的辐射传播

为把教育功能放大,我们拓展了榜样教育的宣传阵地,学校的墙面、电子显示屏、小剧场等都是榜样展示的空间。一个榜样就能筑起一座道德高地,就能形成一个抑恶扬善的辐射源。

(1)榜样照片上墙

每月的标兵评比后,我们把校级标兵的靓照贴在"我们的榜样"宣传栏里,这受到了全体学生的关注;在教师风采的手绘画像中,把绘画者的名字印在教师画像上;把"榜样示范班"拍摄的视频(如阅览室借阅视频、食堂用餐视频、放学列队行进视频等)在校园电子显示屏上循环播放……这些照片、姓名、视频增强了学生作为榜样的自豪感、荣誉感,并使他们为维持自身榜样形象而持续努力。同时也激发了其他学生学习榜样的热情,为成为身边的榜样而不断进取。

(2)"班班演"上台

从 2018 年起,学校启动了"校园戏剧教育"课程构建,学校组织开展"校园剧班班演"活动,要求各班根据近期发现的学生行为问题排演短剧,在升旗仪式上展演。借助"班班演"这一方式让学生更直观地理解广阔生活世界中的责任与规则。每周一的升旗仪式,成为学生最盼望的活动之一。例如,学生发现新学校校门外几十米处有路边小摊售卖食品,既不卫生又影响市容,于是《路边小摊不要买》的生活剧就展现在学生面前,情境再现比说教真实,剧中主人公的遭遇比老师的叮嘱更打动人心,剧中人的规范行动是最好的榜样力量。

(3)榜样宣传上线

学校充分利用新媒体平台进行榜样推荐。通过互联网宣传教育阵地,实现榜样教育的同频共振。

榜样教育包含着激励意义,具有崇高性,榜样教育中所表现出的深刻的美感能够唤起受教育者的叹服和崇敬之情,激发受教育者的潜在能力，并使其有所向往，有所追求。

学生的生命靠教育而成长，学校运用榜样教育，在实践和体验中培育学生自主管理能力，塑造学生优秀品格，提升德育实效。通过榜样教育，推动学生全面发展，拓展立德树人的深度和广度将成为我们孜孜探求的德育新路径。

（此文写于 2021 年 5 月。）

清廉教育育正气

"正气、儒气、灵气"是奉化区实验小学的校风，学校始终坚持立德树人，培育"三气"少年。2017 年年底，我校在宁波市"廉洁教育进校园"专题工作交流会上作典型发言。2019 年 10 月，学校迁入新校园，继续深入推进清廉学校建设，以校训"敬德修业"为学校文化核心，以富有学校特色的"清廉教育"为重点，以文化涵养、环境熏陶、课程培育、活动实践、家风传承等系列教育为抓手，进一步提升廉洁教育的效度，在全体师生中培育清廉正气。

校训涵养　树立信仰

我们认为，廉洁文化构建并不是一个孤立的理念表象，而是联动学校整个廉洁文化要素的综合系统，其中，校风体现了学校的核心价值观。学校通过建设理念的落实转化为课程的实施，通过目标分解细化为多项实践平台的搭建，以课程保障联动多方资源，通过策略实施孵化为实践成果，最后以评价促成师生精神风貌的养成。多种文化要素构建起学校廉洁文化顶层设计的路径，形成精神成长、素养发展、能力提升的闭环系统。

我们培育"正气、儒气、灵气"的"三气"校风，结合日常教育，明确为"守规则、善学习、爱创造"的成长标志。其中正气是指正直、传播正能量的风气。"守规则，树正气"成为全体师生的道德准则、行为规范。

环境熏陶　倡导清廉

"正气、儒气、灵气"是学校的校风，也是学校倡导的"实验气质"。我们梳理出具有学校特色的廉洁教育核心元素——正元素、儒元素、灵元素，并将其显化成清廉教育环境。

正气廊——挖掘"正气"校风文化中榜样教育、劳动实践、成长课程中的廉洁教育元素，依托"扣好人生第一粒扣子"的清廉校园建设项目，布置起校风墙、校训墙等。

儒气廊——挖掘"儒气"校风文化中的廉洁教育元素，主要指挖掘日常基础学科和"六季四节"课程中的廉洁教育元素，在日常学科教学中渗透廉洁教育，并序列化呈现为"成长课程"墙。

灵气廊——挖掘"灵气"校风文化中的自主教育廉洁文化元素，建设"红领巾风采厅"，呈现"自主管理""自主协商""自主展示""自主服务"四大品牌活动剪影。

清莲厅——"清莲"谐音"清廉"，运用"莲"的意象，告诉学生"出淤泥而不染，濯清涟而不妖"的道理。内设读廉吧、思廉壁、观廉台、清廉池、学廉墙等栏目，为学生接受清廉教育建设好阵地。读廉吧供学生阅读清廉书籍，阅读古今清廉格言；思廉壁宣传学生学廉成果，并在一体机内提供清廉教育课程内容；观廉台定期展出学生活动剪影与实践成果；学廉墙一面为古代清廉故事，一面为宁波各地蕴含着清廉之风的古迹，如学生通过认识奉化大堰的狮子闸门，了解王舫清廉为官的故事。我们还把老学校的景观石再次置于清廉池中，达成清廉文化的传承，达到"人在厅中走，廉在心中留"的教育效果。

课程培育　学习清廉

学校把清廉教育纳入德育课程体系，设置一学期两节清廉专题课程。学生以班级为单位到清莲厅德育基地，在教师的带领下读廉句、思廉行、学廉史，低、中、高年级课程内容由浅入深，做到入心入脑。我们把握学生的年龄特征，倡导知行合一，"思廉壁"促进孩子内省思考，在思辨中越辩越明。

例如，我们把低年级绘本故事《这不是我的帽子》设计成有声动画故事：一条小鱼戴着一顶圆圆的蓝色帽子游进我们的视野，它一边往前游，一边自言自语："这不是我的帽子，是我偷来的。帽子的主人可能不会发现，因为它睡着了。就算发现了，也不会知道是我偷的；就算知道是我偷的，它也不会找到我……"它戴着帽子一路潜逃……故事没有结果。"你觉得故事的结果会是怎样？"一看一问促进学生思考，交流辩论，用讨论法让学生明白"小时偷针，大了偷金""若要人不知，除非己莫为"等清白做人的人生大道理。贴近学生年龄的"不拿别人的东西"的行为教育，在思廉壁前烙下"清廉行事"的人生印记。

中年级的清廉思辨课程让学生面对真实故事辨别对错，明辨是非。高年级自行编演课本剧，在做中学清廉。学校还开发了《莲花朵朵廉洁教育教案集》，倡导在各科教学中渗透清廉教育。

活动实践　践行清廉

为让清廉教育真正入心入行，学校根据学生成长特点组织了实践活动，践行清廉。一是规则教育，规范言行。为培育师生正气，时时处处提升规则意识，"守规则"成为全校师生的行为准则。学校加强《小学生守则》《在校日常行为规范》教育，从路队、行走、用餐、活动等多方面开展评比，把标兵班级的表现录制成视频，供学生学习。二是厉行节俭，争做榜样。学校以"节俭为荣、浪费为耻"为主题，开展用餐光盘、用水节约、垃圾分类三大行动。学校专门设立"我们的榜样"标兵宣传墙，使优秀者成为榜样，使全校形成树榜样、学榜样、做榜样的好风尚。学校组织学生开展争做光盘小标兵、垃圾分类小标兵活动。学校设置用餐光盘监督员岗位，让监督员指导学生杜绝浪费，把表现优秀的学生公布在"用餐小标兵"栏目中。严格执行垃圾分类管理制度，做到班班行动，垃圾分类—定点受理，资源回收—变废为宝，集中变卖—登记入账，定期置换。学校安排保洁阿姨共同行动，把变卖可回收垃圾的钱登记后用于购买厕所用纸，让全体学生受到廉洁节俭教育。学校是奉化区节水教育基地，利用此阵地开展节水教育。三是廉洁书展，大力弘扬。师生开展读廉书活动，参加各级廉洁文化书法比赛、展览，在奉化纪委、教育局组织的"我为廉政献一联"书法比赛中获一等奖、优秀组织奖等；在由中央纪委、教育部组织的全国中小学生廉洁文化现场书法比赛中，两名学生分获一等奖、二等奖。2022年的桃花节林家笔会上，我校师生十一人参加书廉活动，传播清廉之风。四是创"廉"花棋，寓教于乐。师生合作创新出品《"廉"花棋》，莲花棋，"莲"与"廉"谐音，故又名"廉"花棋。将廉洁文化渗透其中，"正直廉洁进三格，腐败丑恶退三格"，孩子们在游戏中学会廉洁。学校还制作了大型廉花棋，为学生提供课间活动学习的场地，使其在玩中学。学校的这一经验还被缙云的结对学校学习，受到缙云县纪委的好评、推广。五是廉洁走书，创编传播。我们在专业人员帮助下，用"宁波走书"创编《巴人传》，把大堰籍的伟大的无产阶级革命家王任叔的廉洁等事迹广泛传唱，多次送戏下乡，并鼓励学生参加汇演，他们先后获省、市少儿戏曲表演金奖，并在今年暑期参加中国少儿曲艺节目展演，该节目在中央电视台戏曲频道播出。

守规则，树正气，育清廉。"清廉教育育正气"系列教育活动的开展，在全体师生、家长中营造了"崇廉、奉廉、赞廉"的良好风尚。

（此文写于 2022 年 5 月。）

后 记

　　教育是什么？什么是好的教育？我一直在心里追问这个问题。

　　好的教育一定来自好的教师，这是我最初的简单想法。1989 年 7
月，结束了师范专业的学习生活，我带着"好教育""好教师"的质朴认识，
踏上了工作岗位。虽然被分配在镇上最偏僻的山村小学，但从学生转变
为教师，那种从教的充实感是令人愉悦的。我接手一年级一个班，给 17
个学生进行包班教学，什么课都归我教，我是真真正正的"孩子王"。三
年的村小经历中，印象最深刻的是带领学生去镇中心参加合唱比赛，他
们投入地表演，享受着展示自己的机会，让我享受到为师的喜悦。我带
学生参加橡皮筋直升机、橡皮筋赛车比赛，有几个学生还获得了一等奖。
三年的时光很快过去，能回想起的就是这些成功的时刻。很多年后，遇
到成年后的学生，他们谈起的都是一点一滴的成功。我想，好的教育就
是帮助学生获得成长的力量。

　　1992 年起，我进入奉化实验小学任教，先后从事班主任、少先队辅
导员、政教主任、教导主任、副校长工作。在工作中，我阅读学习了国
内外教育家的教育理论，在不同的岗位上思索教育的真谛，并开始寻求
自己对教育的理解，回答"教育是什么"的问题。

　　杜威认为"教育即生活""教育即生长"，认为儿童的心理内容基本上
就是以本能活动为核心的习惯、情绪、冲动、智慧等天生心理机能的不
断开展、生长的过程。教育就是促进这种本能的生长。他明确指出：教
育即是生长，除它自身之外，并没有别的目的，我们如要度量学校教育
的价值，要看它能否创造连续不断的生长欲望，能否供给方法，使这种
欲望得以生长。教育是提供方法促进儿童生成欲望，那么应该是一种怎

样的方法呢？

米歇尔·福柯在 1975 年出版的《规训与惩罚》一书中，首次提出了"规训"概念。他把学校同军队、医院、工厂等并列为具有严苛规训制度的规训机构。他认为从学校教育的现实来看，规训权力和规训技术在学校教育中广泛存在，并潜伏于教育的标准、规则和师生的行为中。学校教育的本意是提升人的主体性，然而在规训教育模式之下，人被对象化，被物化。人与人之间的关系不再是对等的，不再是一个灵魂推动另一个灵魂。在必要的规训之中如何提升人的主体性，让他们自主发展提升呢？

光有书中的阅读和理论的学习，还无法触及教育的本质，还无法让我对"教育是什么"有足够清晰的认识。

2009 年 2 月，我调任莼湖镇校校长。一校之长更需要对教育有准确的理解。与实验小学相比，这里的师资素养、生源结构与家教力量都与之有明显差距，如何为乡镇学生提供适恰的教育，促进他们的成长呢？在语文教学的研究中，我阅读了加涅的《学习的条件和教学论》《教学设计的原理》等著作。加涅指出，学生的整个学习过程一直受到外部条件的强烈影响。加涅强调了"支持"的作用，我联系自己致力的语文教学与学校办学实践，"教育即支持"的认识在脑海里逐渐形成。布鲁纳的"脚手架"理论也强调了教学行为的"支持"作用。那么，教学是教育中的课堂行为，从本质而言，教育同样是对人自主发展的支持。

教育即支持。我带着自己对教育的理解在莼湖镇校开展乡镇小学办学实践活动，定位海洋文化，构建"悦纳"教育，开展"海洋文化节"……我与老师们一起努力为乡镇孩子搭建发展的平台，提供支持的力量。2013 年，我有幸参加了奉化教育局组织的学科教师高端班、校长高端班的培训，师从华东师范大学课程研究所胡惠闵教授，更广泛地接触教育理论。胡教授还亲自来到莼湖镇校指导办学，她对学校文化构建的研究与本土人实践的建议给我很大的启发。2018 年，我参加了宁波教育局组织的第二批教育管理名家培养对象学习活动，师从首都师范大学蓝维教授。蓝教授两次来到我校，恰逢新校建设，她给予我的指导充满了宽容与鼓励，让我坚定地走在教育理想的探索之路上。

教育是为人的发展提供适恰的支持。这是我对教育的理解，也是我十年的办学实践。我把对教育的理解写进这本书里，把两校的办学实践记录在册，通过实践案例的记录展现理念逐渐清晰、实践逐渐成熟的过程。本书是我对办学实践的回望与反思，我也想通过此书答谢胡惠闵教授、蓝维教授，感谢两位导师的悉心指导。同时，感谢奉化教育局、宁波教育局为我的成长提供有力的支持！

我坚守这份理解，并在工作中不断完善对教育的认识。虽不能至，心向往之。愿学校教育为师生成长提供适恰的支持，为学校发展提供支持，并使这支持发展为学习者的自我支持，促进学生、教师、学校的自主发展。

郭昶

2022 年 12 月